핏이 좋은 패턴으로 유명한
디자이너 JAYa의 옷 만들기

옷을 만드는 행복한 시간

홍성자 지음

BM (주)도서출판 성안당

Foreign Copyright:
Joonwon Lee
Address: 3F, 127, Yanghwa-ro, Mapo-gu, Seoul, Republic of Korea
　　　　　3rd　Floor
Telephone: 82-2-3142-4151
E-mail: jwlee@cyber.co.kr

핏이 좋은 패턴으로 유명한
디자이너 JAYa의 옷 만들기
옷을 만드는 행복한 시간

2015. 7. 1. 1판 1쇄 발행
2016. 2. 24. 1판 2쇄 발행
2017. 11. 28. 1판 3쇄 발행
2021. 6. 10. 2판 1쇄 발행

저자와의
협의하에
검인생략

지은이 | 홍성자
펴낸이 | 이종춘
펴낸곳 | BM (주)도서출판 성안당

주소 | 04032 서울시 마포구 양화로 127 첨단빌딩 3층(출판기획 R&D 센터)
　　　 10881 경기도 파주시 문발로 112 파주 출판 문화도시(제작 및 물류)
전화 | 02) 3142-0036
　　　 031) 950-6300
팩스 | 031) 955-0510
등록 | 1973. 2. 1. 제406-2005-000046호
출판사 홈페이지 | www.cyber.co.kr
ISBN | 978-89-315-7664-1 (13590)
정가 | 18,000원

이 책을 만든 사람들
책임 | 최옥현
진행 | 정지현
교정·교열 | 안종군
스타일리스트 | 연미령
본문·표지 디자인 | 앤미디어
홍보 | 김계향, 유미나, 서세원
국제부 | 이선민, 조혜란, 김혜숙
마케팅 | 구본철, 차정욱, 나진호, 이동후, 강호묵
마케팅 지원 | 장상범, 박지연
제작 | 김유석

※ 책에 수록된 아이템이나 패턴을 이용해 상품화할 수 없으며, DIY 콘테스트 출품이나 공방, 문화센터 등
　 수업에 이용할 수 없습니다.

이 책의 어느 부분도 저작권자나 BM (주)도서출판 성안당 발행인의 승인 문서 없이 일부 또는 전부를 사진 복사나
디스크 복사 및 기타 정보 재생 시스템을 비롯하여 현재 알려지거나 향후 발명될 어떤 전기적, 기계적 또는
다른 수단을 통해 복사하거나 재생하거나 이용할 수 없음.

■ 도서 A/S 안내

성안당에서 발행하는 모든 도서는 저자와 출판사, 그리고 독자가 함께 만들어 나갑니다.
좋은 책을 펴내기 위해 많은 노력을 기울이고 있습니다. 혹시라도 내용상의 오류나 오탈자 등이
발견되면 **"좋은 책은 나라의 보배"** 로서 우리 모두가 함께 만들어 간다는 마음으로 연락주시기
바랍니다. 수정 보완하여 더 나은 책이 되도록 최선을 다하겠습니다.
성안당은 늘 독자 여러분들의 소중한 의견을 기다리고 있습니다. 좋은 의견을 보내주시는 분께는
성안당 쇼핑몰의 포인트(3,000포인트)를 적립해 드립니다.
잘못 만들어진 책이나 부록 등이 파손된 경우에는 교환해 드립니다.

Prologue 프롤로그

어느 해 생일 선물로 받은 미싱 한 대는 나에게는 무척 신기한 보물 상자였다. 각종 원단들이 파우치도 되고, 휴지 케이스도 되고, 커튼도 되는 모습을 보면서 마냥 신이 났던 기억이 떠오른다.

웹 디자인과 한복 디자인 사업을 병행하던 나는 미싱이 생긴 후 겁도 없이 한복과 옷을 만드는 공부를 하게 되었다. 한복을 디자인하고, 한복을 짓고, 내가 만든 옷이 하나둘씩 늘어나 옷을 사는 일보다 원단을 사는 일이 더 재미있게 느껴질 무렵, 아이를 낳았다. 몸이 아팠던 아이와 생소한 육아로 인해 미싱을 잠시 놓았던 그때, 심각한 우울증이 찾아왔다. 정신과 마음이 참 많이 아팠다.

힘든 나날을 보내던 중 불현듯 몇 달 만에 다시 잡은 미싱으로 만든 아이의 첫 옷……. 나는 아직도 그때의 느낌을 잊을 수가 없다. 내가 만든 옷을 입고 자그마한 발로 바둥거리는 아이의 발짓을 보는 순간, '행복이란 바로 이런 것이구나' 하고 깨달았다. 내가 만든 옷을 입은 아이를 바라보면서 하루하루 웃는 횟수가 많아지더니 우울증은 어느새 사라지고 나는 미싱 앞에 앉아 있었다.

나는 패션 디자인을 전공하지 않았다. 하지만 너무나 소중한 내 가족에게 입힐 옷을 만들기 위해 늦은 나이에 패턴 공부를 새로 시작하고, 옷을 만드는 공부를 하게 되었다.

옷을 만드는 행복을 다른 사람에게도 전해주고 싶어 '디자인드바이'라는 커뮤니티를 만들었다. 나에게 옷을 만드는 일이 치유이자, 행복인 것처럼 많은 이들 또한 그러하리라 생각했다. 작은 공간이지만 그 안에서 옷을 만드는 정보도 공유하고, 서로의 옷을 칭찬하고 격려하면서 함께 치유되는 감정을 느낀다.

이 책은 더 많은 이들과 함께 좋은 옷을 만들고 싶다는 마음에서 시작했다. 늦은 밤 아이를 재워두고 조심조심 옷을 만들어본 경험이 있는 사람이라면, 설레는 마음으로 예쁜 원단을 골라 여행 갈 때 입을 옷을 만들어본 사람이라면, 소중한 사람에게 옷을 선물하기 위해 미싱 앞에 앉아본 경험이 있는 사람이라면 이 책을 보면서 함께 옷을 만들자고 권하고 싶다.

자신 있게 "내가 만든 옷이야! 어때?"하면서 자랑하는 모습이 보고 싶다.

Thanks to
패턴 제작에 도움말을 주신 박진봉 선생님께 감사드립니다.

Contents 목차

프롤로그 3

Part 1
행복한 일상을 만들어주는 옷

01/02 트레이닝 후드 짚업 + 트랙팬츠 8
03 망고 반바지 10
04 래글런 티셔츠 12
05 슬림핏 앞단추 티셔츠 14
06 레이스 배색 저지 롱 원피스 16
07 터틀넥 가오리 풀오버 18
08 레이스 셔링 소매 티셔츠 20
09 플리츠 스커트 22
10 오버핏 유니크 셔츠 24
11 하이웨스트 배기 바지 26
12 셔츠 원피스 28
13 스탠드 카라 드롭 숄더 티셔츠 30
14 언밸런스 트럼펫 스커트 32
15 드롭 숄더 울니트 34
16 레이스 팬슬 스커트 36
17 로우웨스트 프릴 원피스 38
18 큐롯 팬츠 40
19 린넨 베이직 베스트 42
20 세일러 빅 카라 롱 카디건 44
21 유니크 카라 플레어 재킷 46
22 트렌치코트 48
23 캐시미어 피코트 50

Part 2
알아두면 좋은 봉제 기법

사이즈 선택 54
부직포로 패턴 옮겨 그리기 54
자주 사용하는 부자재 55
곡선을 살려 다림질하는 방법 59
심지 붙이기 60
니퍼를 이용하여 단춧구멍 내기 60

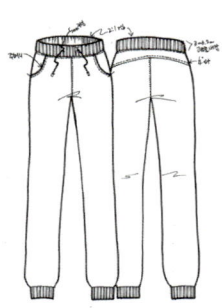 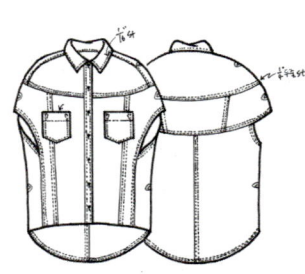 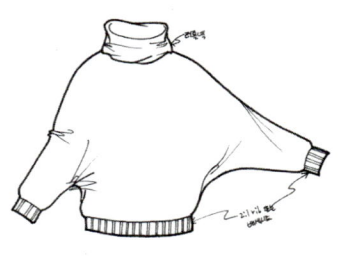 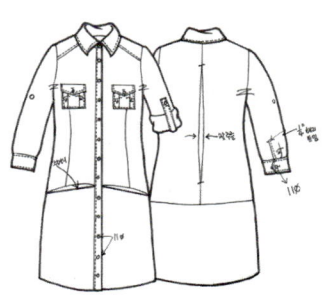

오버록 실밥 처리하기　61
이새 처리하여 소매 달기　62
벨트 고리 만들기　63
실루프 만드는 방법　64

Part 3
만들어 보기

01　트레이닝 후드 짚업　68
02　트랙팬츠　74
03　망고 반바지　78
04　레글런 티셔츠　80
05　슬림핏 앞단추 티셔츠　82
06　레이스 배색 저지 롱 원피스　86
07　터틀넥 가오리 풀오버　88
08　레이스 셔링 소매 티셔츠　90
09　플리츠 스커트　92

10　오버핏 유니크 셔츠　96
11　하이웨스트 배기 바지　100
12　셔츠 원피스　106
13　스탠드 카라 드롭 숄더 티셔츠　112
14　언밸런스 트럼펫 스커트　114
15　드롭 숄더 울니트　118
16　레이스 팬슬 스커트　120
17　로우 웨스트 프릴 원피스　122
18　큐롯 팬츠　124
19　린넨 베이직 베스트　128
20　세일러 빅 카라 롱 카디건　136
21　유니크 카라 플레어 재킷　140
22　트렌치코트　146
23　캐시미어 피코트　154

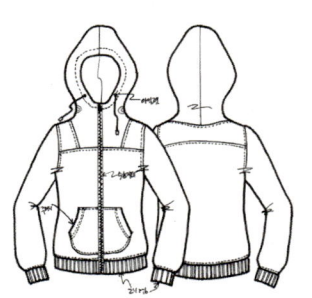
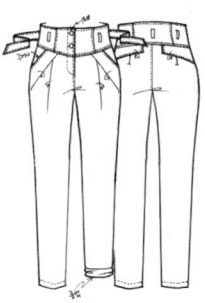
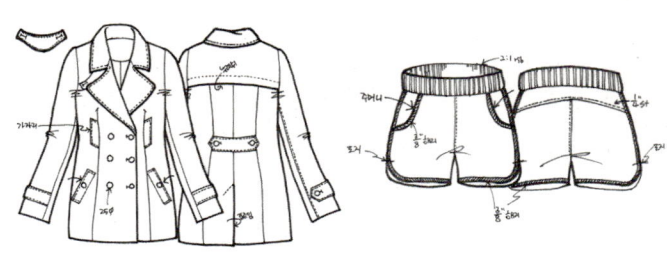

Part 1
행복한 일상을 만들어주는 옷

일상의 나른함과 함께할 데일리 룩, 설레이는 하루를 시작하는 외출복, 계절에 어울리는 멋진 아우터, 이 모든 옷을 만들 수 있다는 것은 분명 신이 주신 멋진 행복이다. 미싱 앞에 앉아 만들 수 있는 모든 옷들을 만나보자.

01/02
트레이닝 후드 집업 + 트랙팬츠

라인이 살아 있으면서 세련된 디테일이 들어간 후드 집업 패턴이 필요하다면 주목하자! 여름에는 번아웃 원단으로 만들어 비치용으로 입고, 봄과 가을에는 쭈리나 분또로 만들어 트레이닝복이나 센스 있는 아우터로 입고, 겨울에는 기모로 만들어 따뜻하게 중간 아우터로 활용하면 얼마나 좋을까? 자야의 트레이닝 후드 집업 패턴은 이 모든 소망을 담아냈다.

센스를 돋보이게 하는 트레이닝 룩을 완성하고 싶다면 자야의 트랙팬츠도 함께 만들어 착용해보자.

슬림한 핏의 트랙팬츠는 필라테스나 요가를 할 때 착용하는 운동복으로도, 가벼운 외출복으로도 활용 만점이다. 색다르게 재킷에 입어도 좋은 아이템!

MIX & MATCH Style

트랙팬츠 _ 8 page
망고 반바지 _ 10 page
플리츠 스커트 _ 22 page

How to Make(트레이닝 후드 집업) _ 68 page

MIX & MATCH Style

트레이닝 후드 집업 _ 8 page
레글런 티셔츠 _ 12 page
스탠드 카라 드롭 숄더 티셔츠 _ 30 page

How to Make(트랙팬츠) _ 74 page

03
망고 반바지

MIX & MATCH Style

트레이닝 후드 짚업 _ 8 page
레글런 티셔츠 _ 12 page
슬림핏 앞단추 티셔츠 _ 14 page
How to Make _ 78 page

여름에 시원하고 편안하게 입을 수 있는 반바지다.

라인을 따라 흐르는 바이어스 띠로 더 날씬해 보이는 망고 반바지가 너무 좋다. 트레이닝복으로도, 외출복으로도, 비치웨어로도 손색 없는 데이웨어!

1~2시간이면 만들 수 있으므로 색상별로 만들어 놓고 기분에 따라 골라 입어보자.

04
레글런 티셔츠

클래식한 아이템일수록 라인이 살아 있어야 한다. 티셔츠 한 장으로 스타일리시하게 보이고 싶다면, 감각적인 배색의 레글런 티셔츠를 만들어 입어보자. 청바지에 걸치면 편안한 데일리 룩으로, 팬슬 스커트에 걸치면 감각 있는 오피스 룩으로, 때로는 과감한 색상으로 배색을 해도 좋다.

옷을 만드는 우리만의 특권이니까!

MIX & MATCH Style

망고 반바지 _10 page
하이웨스트 배기 바지 _26 page
언밸런스 트럼펫 스커트 _32 page

How to Make _80 page

05
슬림핏 앞단추 티셔츠

온라인에 선보였던 자야의 기본 슬림핏 티셔츠에 디테일을 더해 다양한 사이즈로 수록했다. 입었을 때 핏이 남다른 티셔츠이자, 쉽게 구할 수 없는 귀한 패턴이기 때문에 요청이 많았던 아이템이다.

앞트임과 주머니 디테일로 포인트를 살려주었기 때문에 감각 있는 데일리 룩 연출에 더할 나위 없는 파트너가 된다.

기본적인 옷일수록 입었을 때의 핏이 중요하다! 돈을 주고도 사지 못하는 명품 라인의 티셔츠를 길이별로, 색상별로 만들어두고 옷 입을 걱정은 이제 그만하자.

MIX & MATCH Style

망고 반바지_10 page
하이웨스트 배기 바지_26 page
언밸런스 트럼펫 스커트_32 page

How to **M**ake _82 page

06
레이스 배색 저지 롱 원피스

MIX & MATCH Style

오버핏 유니크 셔츠 _ 24 page
스탠드 카라 드롭 숄더 티셔츠 _ 30 page

How to **M**ake _ 86 page

라인이 좋은 기본 티셔츠 패턴을 조금 변형하여 저지 원피스로 만들어 보자!

어깨에 레이스도 넣어주고, 허리 라인도 잘록하게 잡아서 차랑한 느낌의 원단으로 드레시하게 만들어도 좋고, 스트라이프 싱글로 미디 길이의 팬슬 스커트 원피스를 만들어도 좋다. 적당하게 퍼지는 맥시 원피스에 얇은 가죽벨트를 착용하면 엣지 있는 외출복이 된다.

07
터틀넥 가오리 풀오버

찬바람이 불기 시작하면 풍성하고 멋있는 터틀넥 니트에 마음이 간다. 부드럽고 따뜻한 소재로 가오리 핏의 터틀넥 풀오버를 만들어 보자. 30~40분만에 만들어서 입었는데, 사람들이 쳐다보는 눈빛이 심상치 않다. 꾸미지 않은 듯한데 멋스러운 풀오버를 입고 늦은 가을에 외출하면 좋은 일이 생길 것 같은 기분이 든다. 차가운 바람이 걱정된다면 안에 셔츠를 받쳐 입어도 좋다.

MIX & MATCH Style

레이스 배색 저지 롱원피스 _ 16 page
플리츠 스커트 _ 22 page
언밸런스 트럼펫 스커트 _ 32 page
큐롯 팬츠 _ 40 page

How to Make _ 88 page

08
레이스 셔링 소매 티셔츠

소녀 감성에 빠지고 싶은 날, 청바지 위에만 걸쳐 입어도 로맨틱 룩 완성!

레이스로 만든 티셔츠에 너무 많은 디테일이 들어가면 과한 느낌이 있을 수 있는데, 기본 티셔츠 패턴에서 소매만 변형 패턴을 이용하여 셔링을 잡아주고, 가볍게 분위기를 바꾸고 싶은 날에 손이 가는 옷으로 만들었다.

봄철 재킷 안에 이너로 입어도 보고, 스커트에 입어주어 하객 룩을 완성하기도 하고, 바지 위에 입어 엣지 있는 외출복으로도 연출해보자. 감각 있는 스타일링이 될 것이다.

MIX & MATCH Style

하이웨스트 배기 바지 _ 26 page
언밸런스 트럼펫 스커트 _ 32 page
큐롯 팬츠 _ 40 page

How to Make _ 90 page

MIX & MATCH Style

레글런 티셔츠 _ 12 page
레이스 셔링 소매 티셔츠 _ 20 page
오버핏 유니크 셔츠 _ 24 page

How to Make _ 92 page

09
플리츠 스커트

여성스러움이 가득한 플리츠 스커트를 만들어 입어보자. 부풀어 보이기 쉬운 플리츠 스커트의 주름결에 변화를 주어 날씬해 보이면서 풍성하게 퍼지도록 만들었다. 화려한 꽃무늬로 만들어도 좋고, 자연스러운 주름이 멋스러운 린넨으로 만들어도 좋다.

유니크함이 돋보이는, 뭔가 다른 느낌의 플리츠 스커트에 도전해보자.

MIX & MATCH Style

레이스 배색 저지 롱원피스 _ 16 page
하이웨스트 배기 바지 _ 26 page
레이스 팬슬 스커트 _ 36 page

How to Make _ 96 page

10
오버핏 유니크 셔츠

레이어드해서 입으면 더 멋있는 유니크 셔츠!

독특한 라인으로 스커트나 바지 어떤 아이템에도 잘 매칭되는 셔츠가 필요하다면 주저하지 말고 만들어 보자.

내가 만든 옷이 모두가 부러워하는 옷이 될 때, 그 행복감으로 인해 우리는 옷을 만든다.

11
하이웨스트 배기 바지

MIX & MATCH Style

레이스 셔링 소매 티셔츠_20 page
오버핏 유니크 셔츠_24 page
스텐드 카라 드롭 숄더 티셔츠_30 page

How to **M**ake_100 page

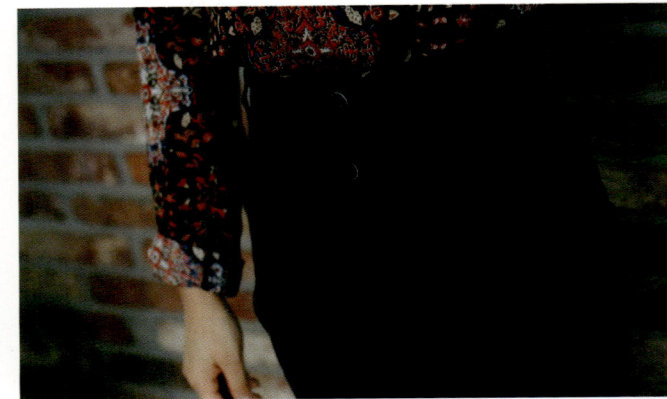

밋밋한 일상 속에서 스타일리시한 팬츠가 입고 싶을 때가 있다. 게다가 입기 편한 배기 라인의 바지라면 더 이상 망설일 필요가 없.

바지 밑단을 롤업하여 입으면 다리가 더 길어 보이고, 체형적인 결함도 감춰주는 효과가 있는 하이웨스트 배기 바지를 한번 만들어 보자. 제원단으로 만든 허리 벨트 끈이 감각적인 연출을 도와준다.

MIX & MATCH Style

유니크 카라 플레어 재킷 _ 46 page
트렌치코트 _ 48 page
How to Make _ 106 page

12

셔츠 원피스

로우웨스트에 미니멀한 디자인이 돋보이는 색다른 셔츠 원피스를 입어보자.
넉넉한 디자인이지만 입을수록 핏감이 남다르다.

날씬해 보이는 라인은 살아 있고, 편안한 착용감의 원피스를 원한다면 자야의 셔츠 원피스를 만들어 보자.

쁘띠 스카프를 매치하면 한결 여성스러운 느낌으로 입을 수도 있다.

치마 부분을 빼고 상의를 길게 늘리면 핏감이 남다른 셔츠도 만들 수 있어 활용도가 높다.

13
스탠드 카라 드롭 숄더 티셔츠

봄철 가벼운 외출에 넉넉한 핏의 티셔츠가 입고 싶은 날, 1시간이면 만드는 초간단 티셔츠로 그날의 스타일을 잡아보자.

루즈하게 떨어지는 어깨 라인과 언밸런스한 길이감으로 민망한 뒤태까지 예뻐 보이는 티셔츠……

스커트나 팬츠, 어떤 룩에도 잘 어울리는 티셔츠 만들기!

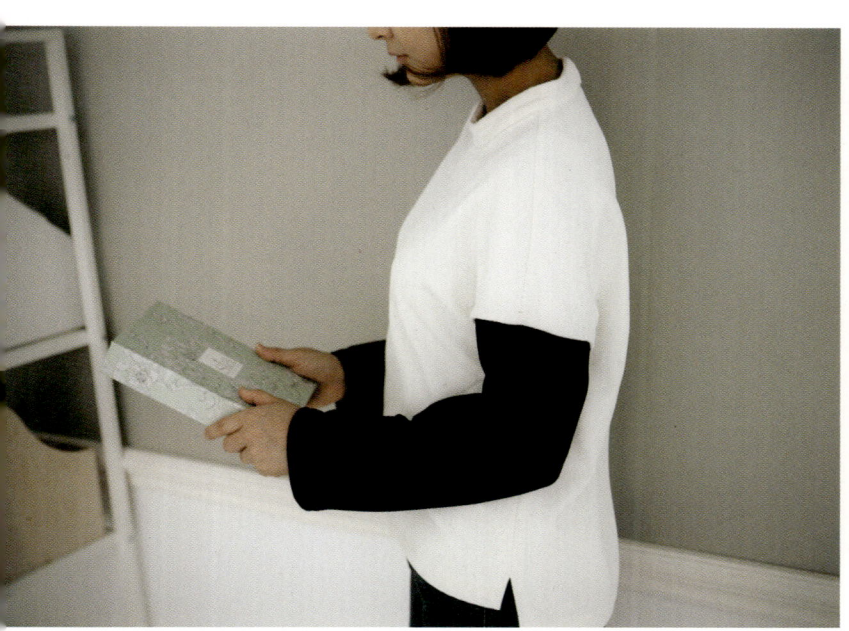

MIX & MATCH Style

플리츠 스커트_22 page
하이웨스트 배기 바지_26 page
언밸런스 트럼펫 스커트_32 page

How to Make_112 page

14
언밸런스 트럼펫 스커트

'페플럼 스커트'라고도 하는 여성스러움의 상징인 스커트를 언밸런스한 디자인으로 만들어 보자. 규칙적인 무늬가 있는 원단으로 만들면 날씬해 보이고, 무지로 만들면 라인이 살아난다. 체형을 커버해주는 스커트가 필요하다면, 길이별로 다양하게 만들어 활용해보자.

MIX & MATCH Style

레이스 셔링 소매 티셔츠 _ 20 page
오버핏 유니크 셔츠 _ 24 page
스탠드 카라 드롭 숄더 티셔츠 _ 30 page

How to Make _ 114 page

15
드롭 숄더 울니트

넉넉한 패턴에 트임이 있는 유니크한 폴라를 달아 풀오버를 만들어 보자. 나무로 만든 단추를 폴라 트임에 포인트로 달아주면 따뜻한 느낌이 더욱 살아난다. 시폰 원피스에 레이어드하여 입으면 겨울철 여성스러운 느낌을 살린 따뜻한 룩을 완성할 수 있다.

질 좋은 니트 원단을 선택하여 겨울철 내내 따뜻하게 입을 수 있는 데일리 룩을 완성해보자.

MIX & MATCH Style

세일러 빅 카라 롱 카디건 _ 44 page
캐시미어 피코트 _ 50 page

How to Make _ 118 page

16
레이스 팬슬 스커트

고무줄 허리단으로 만든 팬슬 스커트는 편안하면서도 엣지 있는 연출이 가능하다. 마음에 드는 레이스 원단이 있다면 다이마루 안감으로 착용감이 좋은 스커트를 만들어 보자. 상의에 격식 있는 옷을 입으면 오피스 룩이나 예식장 룩으로도 연출할 수 있다. 자꾸 손이 가는 여성스러운 스커트! 고무줄 허리이기 때문에 밥을 마음껏 먹어도 불편하지 않다.

MIX & MATCH Style

오버핏 유니크 셔츠 _24 page
스탠드 카라 드롭 숄더 티셔츠 _30 page

How to Make _120 page

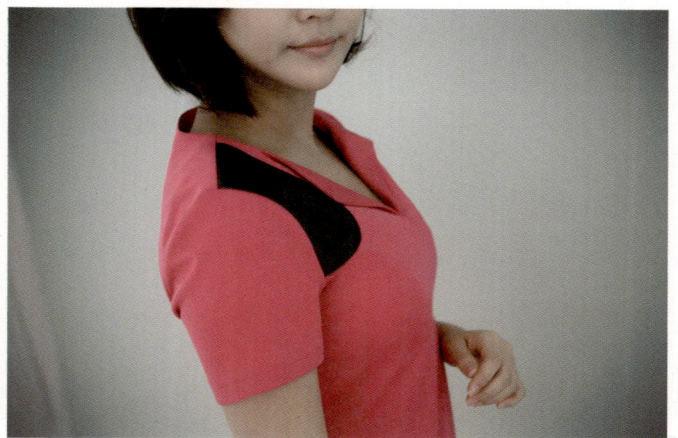

MIX & MATCH Style

린넨 베이직 베스트 _ 42 page
세일러 빅 카라 롱 카디건 _ 44 page

How to Make _ 122 page

17

로우웨스트 프릴 원피스

티셔츠 패턴을 이용하여 평범하지 않은 원피스를 만들어 보자.

가죽을 덧대고 프릴을 만들어 달기만 해도 외출복으로 손색 없는 미니멈한 원피스가 완성된다.

쿨맥스 원단으로 만들어 레깅스와 함께 입으면 테니스를 칠 때 입을 스포츠 웨어로도 굿!

18
큐롯 팬츠

미니스커트는 부담스러운데 스타일은 살리고 싶고, 편하게 스타일링하고 싶을 때는 큐롯 팬츠를 입어보자. 여름에는 시원하게, 겨울에는 롱부츠와 함께라면 사철 아이템으로 이보다 더 좋은 게 없다. 단정한 주름이 매력적인 요크 큐롯 팬츠로, 어떤 옷에 입어도 잘 어울리는 점이 매력이다.

MIX & MATCH Style

슬림핏 앞단추 티셔츠 _ 14 page
오버핏 유니크 셔츠 _ 24 page
유니크 카라 플레어 재킷 _ 46 page

How to Make _ 124 page

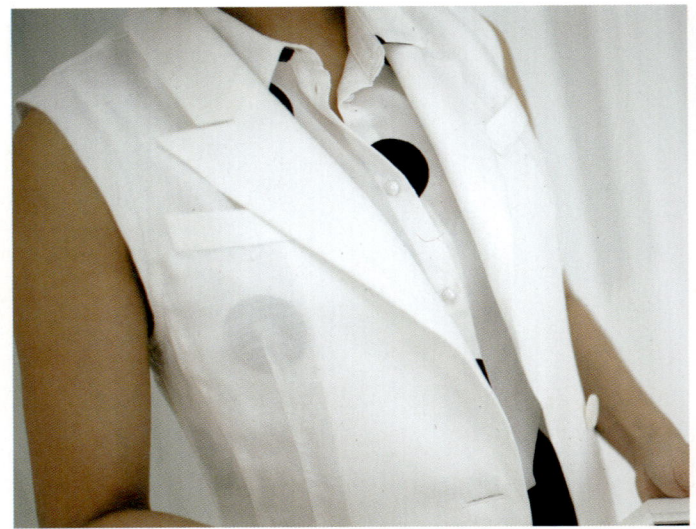

19
린넨 베이직 베스트

누가 입어도 날씬한 라인을 잡아주는 세련된 베스트 패턴은 유행을 초월한다.

린넨으로 제작하면 봄부터 가을까지 입기 좋은 베이직 베스트…….

힙을 살짝 가려주면서 허리 라인은 하이웨스트로 잡혀 있어 입는 순간 3cm는 키가 커 보이고 다리는 길어 보이는 착시 효과를 일으키는…….

누구나 소장하고 싶지만, 만나기 흔치 않은 패턴의 베스트를 만들어 보자.

MIX & MATCH Style

레이스 셔링 소매 티셔츠 _ 20 page
하이웨스트 배기 바지 _ 26 page
언밸런스 트럼펫 스커트 _ 32 page
큐롯 팬츠 _ 40 page

How to Make _ 128 page

20
세일러 빅 카라 롱 카디건

간절기에는 외출할 때마다 입을 옷이 없어서 옷장 앞을 서성인다. 이럴 때 편안하게 걸칠 수 있는 카디건 한 벌만 있다면 외출의 부담이 줄어든다. 이너로 어떤 옷을 입을지 고민하지 않아도 되고, 겨울 내내 망가진 체형을 걱정하지 않아도 되는 롱 카디건이 절실하다. 세일러 카라가 숄 카라로도 변신하는 멋스러운 카디건을 만들어두면 옷장 앞을 서성일 필요가 없어진다.

MIX & MATCH Style
하이웨스트 배기 바지 _ 26 page
셔츠 원피스 _ 28 page

How to Make _ 136 page

21

유니크 카라 플레어 재킷

어떤 옷에 걸쳐도 스타일이 살아나는 재킷을 입어보고 싶다면 한번 도전해보자. 밴드 카라가 덧대어진 유니크한 카라 디자인에 뒤태의 언밸런스한 플레어 라인이 여성스러움까지 강조한다. 누가 입어도 날씬해 보이는 재킷으로 소매를 걷어 올리면 시크한 느낌까지 살아난다. 어느 옷에 입어도 믹스 매치가 자유로운 간절기 재킷이 필요하다면 꼭 만들어 보자.

MIX & MATCH Style

레이스 셔링 소매 티셔츠 _ 20 page
하이웨스트 배기 바지 _ 26 page
레이스 팬슬 스커트 _ 36 page
큐롯 팬츠 _ 40 page

How to Make _ 140 page

22
트렌치코트

MIX & MATCH Style

드롭 숄더 울니트 _ 34 page
레이스 팬슬 스커트 _ 36 page
로우웨스트 프릴 원피스 _ 38 page
How to Make _ 146 page

오랜 세월 동안 입어도 유행을 타지 않는 디자인으로 꾸준히 손이 가고 사랑받는 옷을 '명품'이라고 한다. 유행을 타는 반짝거리는 디자인의 옷도 좋지만, 매해 봄, 가을이면 찾게 되는 베이직한 라인의 명품 트렌치코트 한 벌만 못하다는 걸 우리는 알고 있다. 은근히 부러운 눈길을 받을 수 있는 세련된 라인의 기본 코트를 한번 만들어 보자. 당장 스카프를 두르고 여행을 떠나고 싶은 마음이 들 수도 있다.

23
캐시미어 피코트

겨울이면 편안하게 입게 되는 베이직한 피코트가 필요하다. 딱 떨어지는 라인의 피코트 한 벌이면 다가오는 겨울이 반갑게 느껴진다.

캐시미어 함량이 높은 고급 원단으로 피코트를 만들었더니 명품 코트 부럽지 않은 데일리 코트가 탄생했다.

원피스를 이너로 선택하면 여성스러움이 공존하는 피코트를 연출할 수도 있다. 보조 포켓 디테일이 들어가서 심플하면서도 고급스러운 디자인이 돋보이는 피코트로 겨울 아우터에 도전해보자.

MIX & MATCH Style

언밸런스 트럼펫 스커트 _ 32 page
드롭 숄더 울니트 _ 34 page
큐롯 팬츠 _ 40 page
How to Make _ 154 page

Part 2
알아두면 좋은 봉제 기법

첫걸음은 항상 중요하다. 옷을 만들 때 필요한 부자재를 알아보고 배워두면 좋을 기본 봉제 기법을 익혀두자. 처음이라고 두려워하지 말고 일단 천과 바늘을 들고 하나하나 따라 하기만 하면 어느새 멋진 솜씨를 익힐 수 있다.

사이즈 선택

패턴 책을 이용하여 옷을 만들 때에는 먼저 본인의 사이즈를 꼭 측정해보세요. 줄자를 이용하여 가슴둘레, 힙 둘레 등의 사이즈를 측정한 뒤, 아래의 사이즈 표에 대입하여 본인의 신체 조건에 맞는 사이즈를 선택하세요.

상의는 가슴둘레, 하의는 힙 둘레를 기준으로 사이즈를 선택하면 됩니다. 여기서는 패턴을 신장 162cm를 기준으로 제작하였으므로 길이는 가감하면 됩니다(신체의 실측 사이즈를 기준으로 표를 작성했습니다).

(단위: cm)

구분	단위	55	66	77
가슴		84	89	94
힙		90	94	98
키			162	

부직포로 패턴 옮겨 그리기

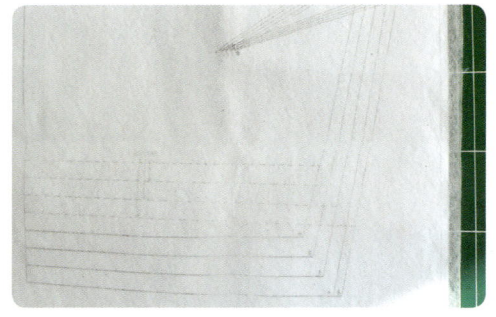

이 책에 소개되어 있는 패턴은 여러 가지 사이즈가 항목별로 얽혀 있습니다. 본인의 사이즈에 맞는 패턴을 확인한 뒤 비치는 종이에 옮겨 그려서 사용해야 합니다. 이 경우 트레이싱지나 패턴용 부직포를 많이 이용하는데, 그 이유는 보관이 용이하고 여러 번 사용한 뒤에 건식 다림질을 하여 접힌 부분을 펴서 사용하기가 좋기 때문입니다. 트레이싱지나 부직포는 인터넷을 통해 구입하거나 원단 시장의 부자재 상가에서 구입할 수 있습니다. 트레이싱지나 부직포가 없을 때에는 동네 문구점에서 쉽게 구할 수 있는 선이 비치는 얇은 마분지를 이용해도 됩니다. 패턴을 옮길 때에는 너치 표시나 패턴의 이름, 식서 방향 등을 모두 포함해야 합니다.

자주 사용하는 부자재

기본 도구

옷을 만드는 데는 여러 가지 봉재 도구들이 필요합니다. 계속해서 새로운 부자재들이 선보이고 있고, 만드는 사람의 습관에 따라 다양한 도구들이 존재하지만, 가장 필요한 부자재들은 어느 정도 정해져 있습니다. 그중에서 꼭 필요한 몇 가지를 알아보겠습니다.

재단 가위

재단 가위는 220mm, 240mm, 260mm, 280mm 사이즈로 나뉩니다. 손의 크기나 힘에 따라 사이즈를 선택하면 됩니다. 처음 가위를 구입하면 전문가에게 요청하여 가위 끝의 각진 부분과 날을 한 번 갈아주는 것이 좋습니다.
재단 가위로는 원단 외에는 아무 것도 자르지 않는 것이 중요합니다.

실꿰기 도구

실표 뜨기를 할 때나 손바느질을 할 때 바늘에 실을 꿰기 힘드신 분들이 편리하게 사용할 수 있는 도구입니다. 조그만 윗구멍에 바늘을 넣고 실을 걸어준 뒤 손잡이를 누르면 실이 꿰어 나옵니다.

문진

패턴을 베낄 때나 재단 시에 원단을 눌러 주는 역할을 합니다. 문진에는 여러 가지 형태가 있는데, 납으로 만들어진 문진은 납이 피부에 스며들 수 있으므로 옷을 입혀 주어야 합니다.

수성용펜

물이 닿으면 사라지는 펜으로, 정교한 표시가 가능하다는 장점이 있습니다. 옷을 만든 뒤 반드시 물로 표시를 지워야 합니다. 세제가 물보다 먼저 닿으면 지워지지 않는 갈색 자국이 남으므로 주의하세요. 보라색 펜은 기화펜이기 때문에 일정 시간이 흐르면 사라집니다.

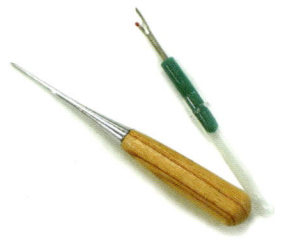

송곳, 니퍼

송곳은 재봉 시 제2의 손 역할을 하는 매우 쓰임새가 많은 도구 중 하나입니다. 밀리는 원단을 박을 때나 소매 이새 처리를 매끈하게 할 때 손가락 대신 송곳으로 꾹꾹 누르면서 박아주면 훨씬 손쉽게 처리할 수 있습니다. 니퍼는 단춧구멍을 뚫을 때나 실을 뜯어낼 때 사용하면 편리합니다.

핀 쿠션

실 핀이나 바늘을 꽂아 놓는 데 사용하는 도구입니다. 요즘에는 직접 만든 핀 쿠션을 사용하는 사람들도 많으므로 이번 기회에 한번 도전해 보세요.

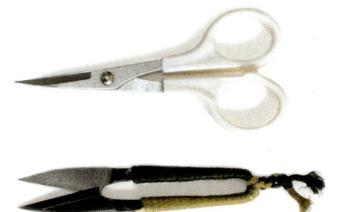

쪽가위

실밥을 잘라낼 때 사용하는 도구입니다.

쵸크

원단에 패턴을 표시할 때 사용하는 분필 성분의 도구입니다. 끝이 뭉툭해지면 연필을 깎듯이 칼이나 샌드페이퍼로 계속 갈아서 사용하면 됩니다.

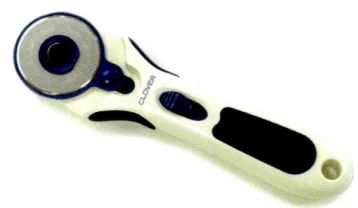

로터리칼

다이마루나 시폰 등을 재단할 때 사용하는 도구입니다. 칼을 사용할 때는 바닥에 재단판을 깔아야 칼날의 손상을 예방할 수 있습니다.
칼이 매우 날카롭기 때문에 항상 안전에 주의해야 합니다. 사용한 뒤에는 반드시 잠궈두는 습관을 기르는 것이 좋습니다.

바이어스 메이커

바이어스를 손쉽게 만들어주는 도구로, 사이즈별로 구입하여 사용하는 것이 좋습니다. 예를 들어 9mm 두께의 바이어스를 두를 때에는 바이어스 메이커에 '18mm'라고 써 있는 것을 구입하면 됩니다. 랍빠 등과 같은 고급기는 사용하기가 어려우므로 입문 시에는 바이어스 메이커를 사용하는 것을 권장합니다.

옷의 완성도를 높이는 부자재

재봉 시 놓치기 쉽지만, 옷의 완성도를 높이는 데 큰 역할을 하는 부자재들을 소개합니다. 대표적인 몇 가지를 숙지해놓으면 옷을 만들 때 많은 도움이 됩니다.

코아사

고급 봉재사에 속하는 코아사는 약간의 광택과 스판 느낌이 있습니다. 일반적인 면사는 옷을 만든 뒤에 세탁을 하면 재봉선이 심각하게 우는 현상이 발생하는데, 그 이유는 세탁과 함께 면사가 수축되기 때문입니다. 먼지가 쌓여 있는 오래된 재봉사는 과감히 버리세요. 미싱 고장의 원인이 됩니다.

지누이도사

코트류의 고급 옷에 상침사로 쓰는 견사로, 고급스러운 광택과 두꺼운 두께가 특징입니다. 원단과 같은 색상의 지누이도사로 상침한 코트는 일반 면사로 상침한 것보다 고급스러움을 느낄 수 있습니다.

날나리사

솜털 같이 엉켜 있는 실로, 신축성이 좋은 것이 특징입니다. 다이마루 등으로 만드는 옷의 직선 박음질 시에는 날나리사를 밑실로 사용하는 것이 좋습니다. 오버록 실을 이용할 때 네 번째 루프에 걸어주면 오버록이 곱게 나옵니다.

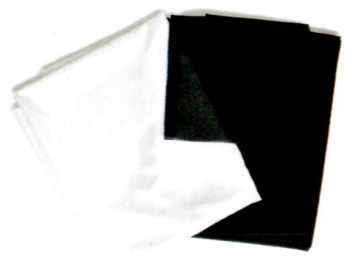

실크 심지

안단이나 밑단, 주머니 입구 등 원단을 보강하고자 할 때 사용합니다. 심지는 두께와 사용되는 원단에 따라 여러 가지로 나뉘는데, 일반적으로 실크 심지를 가장 많이 사용합니다. 실크 심지의 한쪽 면에는 접착제가 뿌려져 있는데, 원단의 이면과 접작 면이 닿게 한 뒤 다리미로 꾹꾹 눌러 붙여주는 것이 좋습니다. 다림질을 할 때 분무기로 물을 살짝 뿌려주면 기포 현상을 예방할 수 있습니다.

다대 테이프 / 암홀 테이프

실크 심지를 식서 방향으로 1cm 두께로 잘라 테이프 형식으로 만들어 놓은 것을 말합니다. 늘어지기 쉬운 어깨선과 넥 라인, 암홀 부분 등에 붙여주면 옷이 틀어지는 것을 예방할 수 있습니다.
암홀 테이프는 한쪽 면은 다대 테이프, 한쪽 면은 바이어스 테이프로 구성된 테이프로, 넥 라인, 암홀 부분 등과 같이 각진 면에 사용합니다. 암홀 테이프가 없을 때에는 다대 테이프를 사용하면 됩니다.

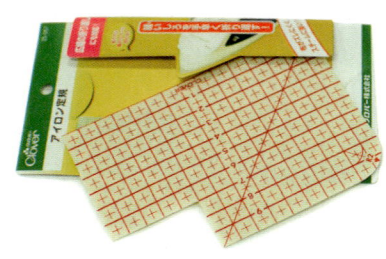

시접자

밑단이나 시접을 접어 다릴 때 초크로 표시할 필요 없이 바로 센티미터에 맞춰 다릴 수 있게 고안된 자입니다. 두꺼운 부직포로 이루어져 열에 강하므로 마음 놓고 사용하면 됩니다.

시보리

아이들 내복의 소매단, 바지단 등에 달아주는 얇은 시보리는 '1:1 시보리', '밀라노 시보리'라고 칭합니다. 이에 반해 겉옷에 흔히 쓰이는 2:2 시보리는 1:1 시보리에 비해 신축성이 강하고 골이 큽니다. 아이들의 옷이나 면류에는 면 시보리를 사용하고, 니트류에는 아크릴 시보리를 사용하는 것이 좋습니다.

곡선을 살려 다림질하는 방법

코트류의 아웃포켓 모서리나 트렌치코트 견반의 모서리 등 곡선으로 모양을 내준 부분을 매끈하게 다려내는 것은 쉬운 일이 아닙니다. 옷의 완성도를 높여주는 방법을 정확히 숙지하고 연습해보세요.

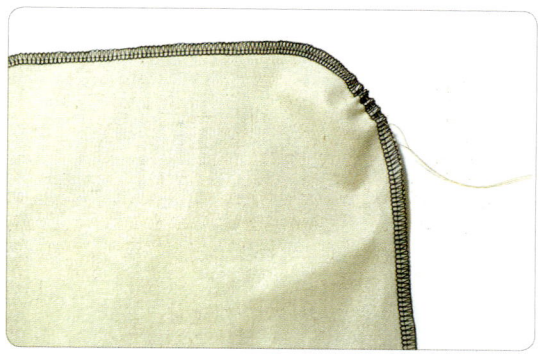

❶ 모서리 각진 부분의 바깥쪽에 가깝게 일정한 간격으로 홈질을 해준다.

❷ 직선 부분을 먼저 1cm로 다려준 뒤 곡선 부분에 홈질한 실을 잡아당기면서 오므려준다.

❸ 실을 잡아당긴 채로 다려준다.

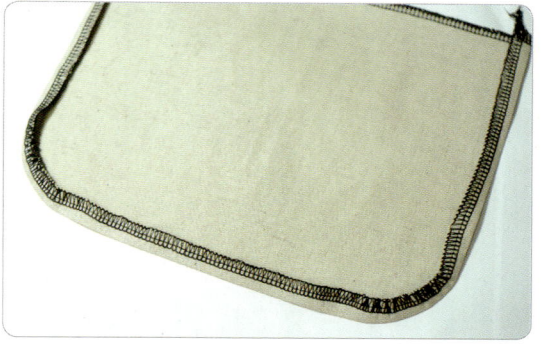

❹ 곡선 부분이 각지지 않도록 잘 눌러 다려주고 마무리한다.

심지 붙이기

심지를 붙일 때 흔히 하는 실수가 식서 방향을 생각하지 않는 것입니다. 원단의 식서 방향과 심지의 식서 방향을 동일하게 맞춘 뒤 심지를 배치해야 합니다.

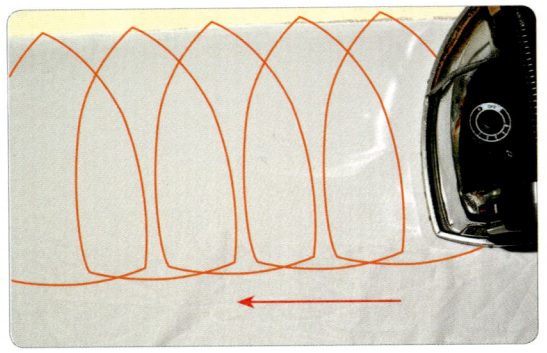

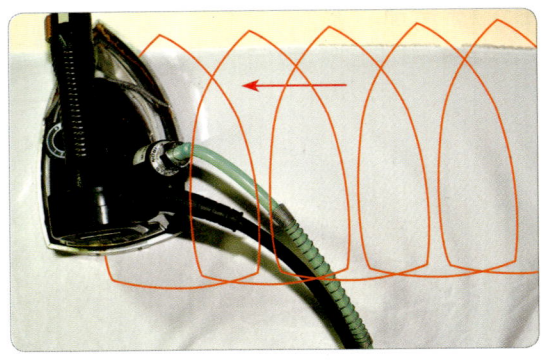

❶ 심지를 붙일 때에는 다리미를 먼저 예열한 뒤, 5~7초 정도 눌러 가며 붙여주어야 한다. 심지를 붙이기 전에 분무기로 물을 뿌려주면 공기로 인한 들뜸 현상이 나타나지 않는다. 이때 스팀을 쐬면 절대 안 된다.

❷ 빠지지 않게 누르면서 꼼꼼하게 붙여준다.

니퍼를 이용하여 단춧구멍 내기

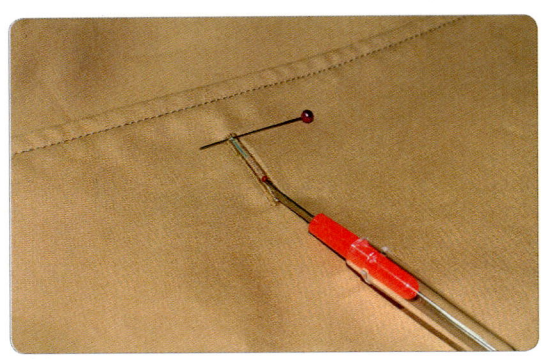

단춧구멍을 낼 때 시침핀을 구멍 끝에 꽂아주고 니퍼를 이용하여 뚫어주면 힘 조절을 잘못하여 옷이 찢어지는 실수를 예방할 수 있다.

오버록 실밥 처리하기

오버록을 한 뒤 실밥 처리를 잘못하면 오버록한 실이 모두 풀리는 경우가 많습니다. 오버록 실은 면사를 쓰기 때문에 불로 지지는 것은 별 도움이 되지 않습니다. 이 경우에 돗바늘을 이용하면 깨끗하게 처리할 수 있으므로 반드시 알아두세요.

❶ 오버록한 뒤 실밥을 2~3cm 남겨두고 돗바늘을 오버록한 사이에 끼워 넣는다.

❷ 남겨둔 실밥을 바늘귀에 끼워 넣는다.

❸ 바늘을 잡아당겨 실밥이 오버록 실 사이로 들어가게 한다.

❹ 실밥이 깨끗하게 정리되면서 마무리된다.

이새 처리하여 소매 달기

소매 패턴의 소매산에는 인체의 입체감 때문에 여유분이 들어가 있습니다. 이를 '이새분'이라고 하는데, 몸판에 달 때에는 이새분이 골고루 분포되도록 하여 주름지지 않고 봉긋하게 달아주어야 합니다.
손보다는 송곳을 이용하여 원단을 눌러 가면서 달아주면 매끈하게 달 수 있으므로 한번 연습해보세요.

❶ 소매산의 외곽에 일정한 간격(2~3mm)의 홈질로 둘러준다.

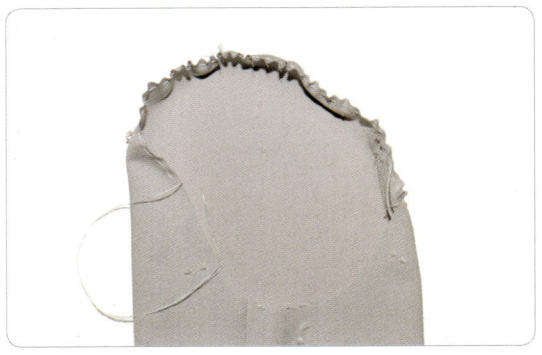

❷ 주름이 일정하게 분포되도록 잡아당겨 오므려준다.

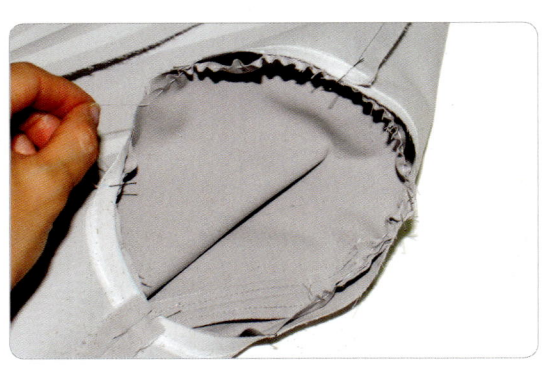

❸ 몸판 암홀에 너치를 맞춰 시침핀으로 고정하고, 암홀 둘레에 맞춰 실을 잡아당기거나 풀어준다.

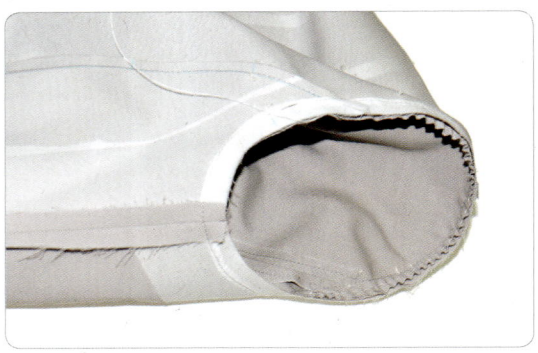

❹ 소매가 집히지 않도록 주의하면서 소매를 몸판에 박음질로 연결한다.

❺ 겉에서 보았을 때 주름진 부분이 없는지, 소매가 봉긋하게 달렸는지 확인한다.

벨트 고리 만들기

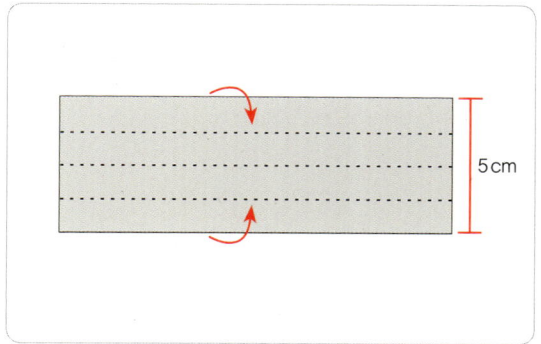

❶ 두께 4~5cm로 재단하여 4등분을 하고 양쪽을 중심 쪽으로 접어 다린다.

❷ 접어 다린 양쪽 끝이 닿도록 다시 반을 접어 다린다.

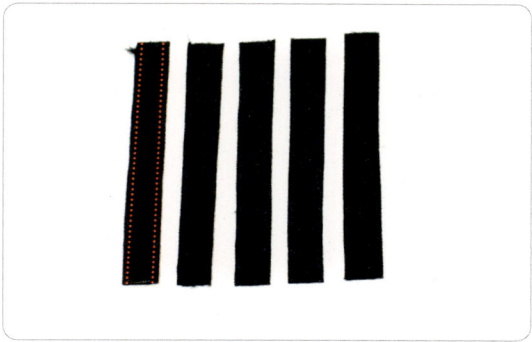

❸ 양쪽 1.5mm 상침으로 마무리하고, 옷에 따라 길이대로 잘라준다.

실루프 만드는 방법

'실고리'라고도 하는 이 기법은 치마 밑단에 안감이 말려 올라가지 않도록 겉감과 연결해두거나, 코트 안쪽에 주머니가 놀지 않도록 안단에 고정해두거나, 핸드메이드 코트의 허리 벨트 고리를 만들 때 등과 같이 그 쓰임새가 무궁무진합니다. 알아두면 참 쉬운 고급 손 재봉 기법이므로 꼭 익혀서 많이 활용해보세요.

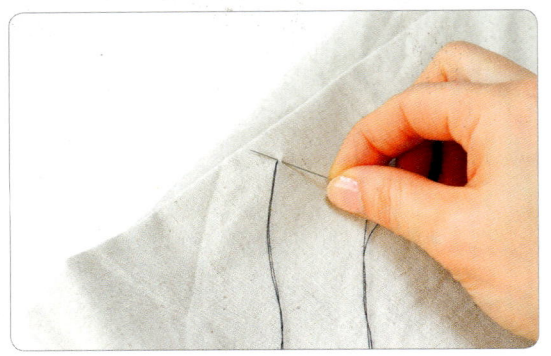

❶ 실루프가 필요한 위치에 바늘로 천을 얇은 간격으로 뜬다.

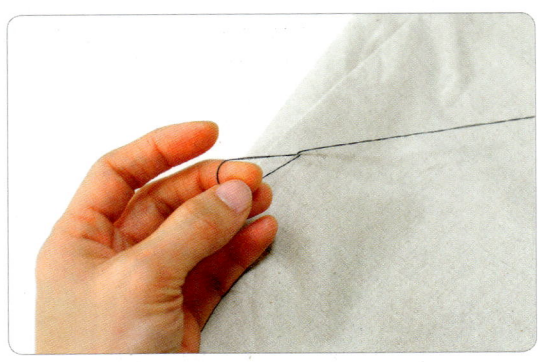

❷ 실을 모두 잡아당기지 말고 손가락을 넣어 동그란 고리를 만들어준다.

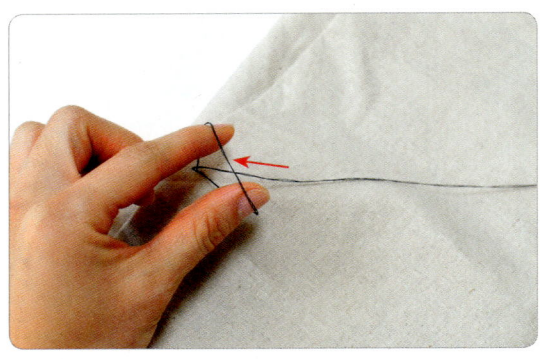

❸ 만들어준 고리를 벌려 잡아당기던 실을 고리의 안쪽으로 끌어낸다.

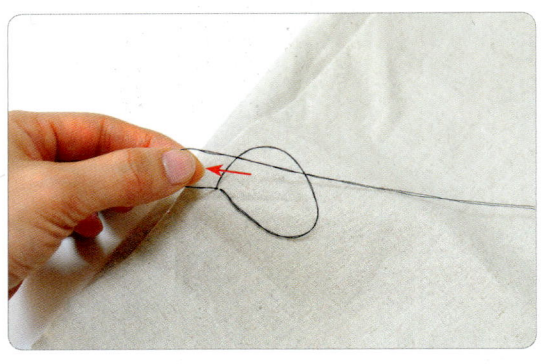

❹ 끌어낸 실에 손가락을 걸고 맞은편 실을 잡아당겨준다. 같은 방법으로 원하는 실루프의 길이가 나올 때까지 반복한다.

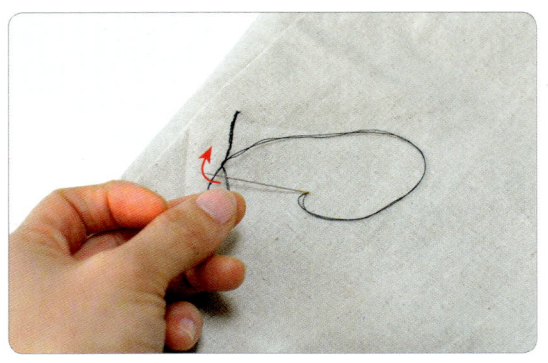

❺ 원하는 길이가 되면, 고리 안으로 바늘을 집어넣는다.

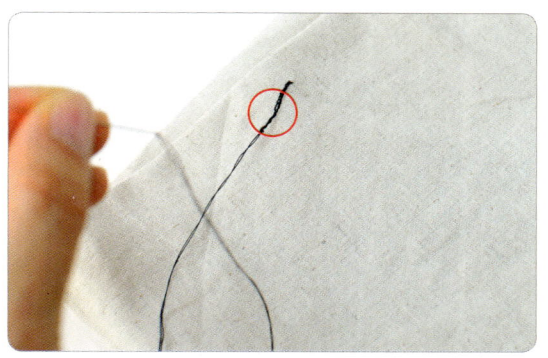

❻ 바늘을 잡아당기면 사진처럼 매듭이 생긴다.

❼ 실루프가 마무리되어야 하는 지점에 바늘을 꽂는다.

❽ 사진처럼 실루프 고리가 생긴다.

Part 3

만들어 보기

조금은 서툴 수도 있다. 느려도 괜찮다. 정성을 다해 원단을 고르고, 입었을 때의 모습을 상상하면서 차분히 만들면 된다. 모르는 부분은 사진을 보고 설명을 읽으면서 따라 하면 그만이다. 걱정하지 말고, 만들고 싶은 옷을 골라보자.

01 트레이닝 후드 짚업

View >> 8 page

추천 원단 및 부자재 소요량

* 기모쭈리/3단, 2단쭈리/분또/ 번아웃 원단 1마 반
* 2:2 시보리 반 마
* 5호 오픈형 지퍼
* 스트링 끈
* 아일렛

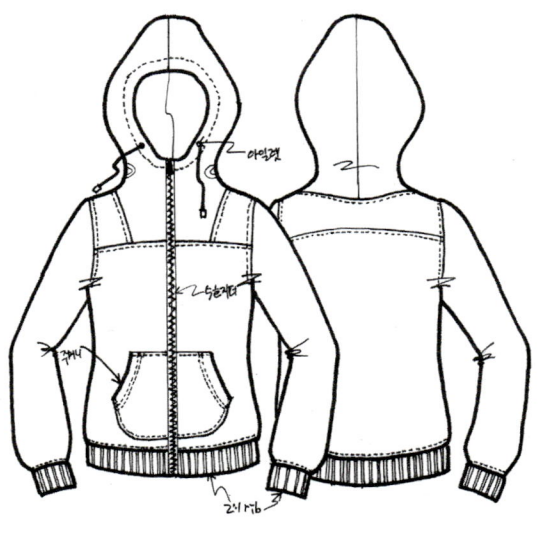

재단 *실물본 1면 패턴 수록*

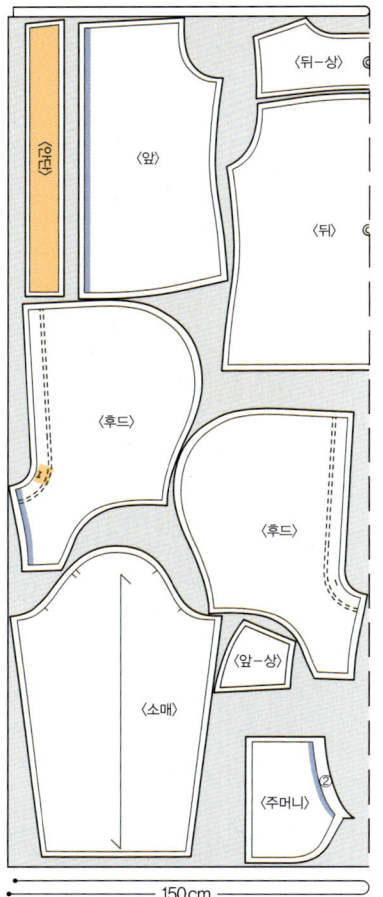

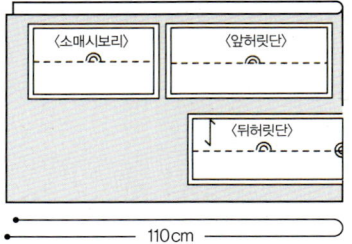

110cm

150cm

TIP

- 엉덩이 위쪽까지 오는 길이로, 중간 길이의 옷이다. 길게 만들어 입고 싶다면 앞판, 뒤판의 아래쪽 길이를 늘리면 된다.
- 번아웃 원단을 이용하여 한여름 비치용으로 만들어도 좋다.
- 안단에 전체 심지 작업 시 심지를 먼저 붙이고 재단을 하는 것이 좋다.

재단 시 참고 사항

- 1장 재단: 뒤-상/뒤/뒤허릿단
- 2장 재단: 앞/안단/소매/앞-상/주머니/ 소매시보리/앞허릿단
- 4장 재단: 후드

- 기본 시접은 1cm, 그 외 시접은 표시된 숫자(단위: cm)를 확인하고 재단한다.
- 후드는 총 4장을 재단하는데, 배색을 넣고 싶으면 후드 2장은 다른 원단으로 재단하면 된다.
- 색상은 심지 작업
- 색상은 다대 테이프 작업

주머니 재단 방법

원단에 재단하기 전 부직포 패턴지로 모양을 만든다.

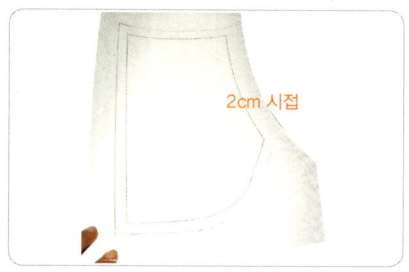 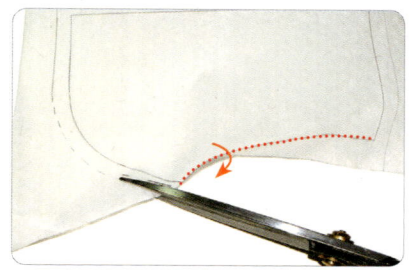 

❶ 주머니 입구 부분 시접 2cm를 먼저 잘라낸 뒤, 완성선대로 접어주고 접은 시접과 함께 아랫부분을 잘라낸다.

후드와 주머니 만들기

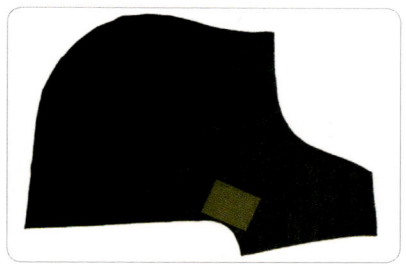 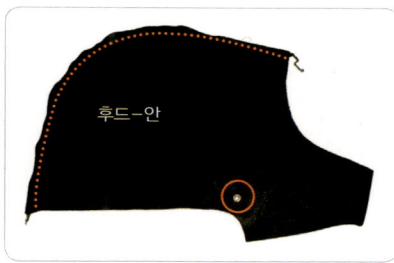 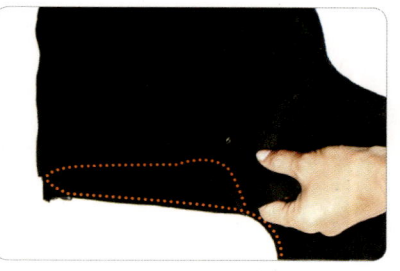

❶ 후드는 총 네 장을 재단하고, 그중 두 장의 구멍 자리에 스트링 끈이 들어갈 심지 작업을 한다.

❷ 심지 작업한 후드감의 아일렛 또는 단춧구멍에 스트링 끈이 들어갈 구멍을 낸다. 그런 다음, 두 장씩 겉끼리 마주 대고 곡선 부분을 합봉한다.

❸ 만들어진 2개의 후드를 겉끼리 마주 댄 뒤, 사진의 빨간색 선을 따라 박는다. 그런 다음, 곡선 부분에 가윗밥을 주거나 시접을 잘라낸 뒤 뒤집는다.

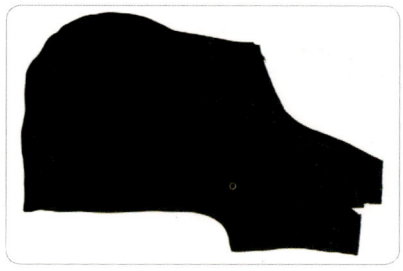 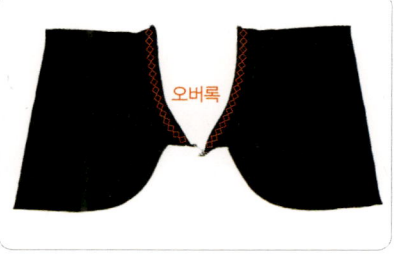

❹ 틀어지지 않게 정리하면서 잘 다려준다. 이때 스팀을 주면서 톡톡 치듯이 다린다.

❺ 주머니 입구의 시접 부분만 오버록한 뒤 완성선대로 접어 다린다. 이때 스팀 다림질로 잘 눌러 준다.

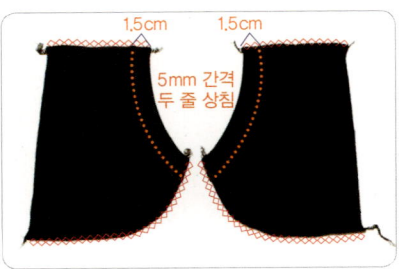

❻ 접어 다린 입구에서 1.5cm 떨어진 부분에 5mm 간격으로 두 줄 상침한 뒤 윗부분과 아랫부분을 오버록 마감한다.

❼ 곡선 부분은 시접에 홈질을 한 뒤 잡아당기면서 다린다(59page 곡선을 살려 다림질하는 방법 참고). 그런 다음, 오버록한 위아래를 1cm 시접만큼 안쪽으로 접어서 다린다.

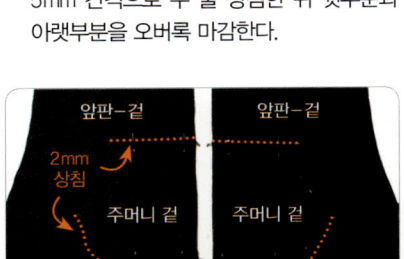
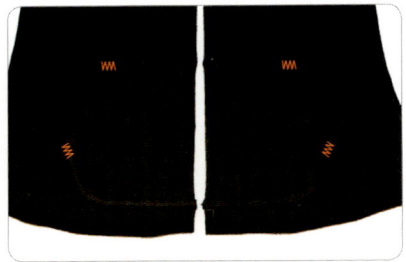

❽ 앞판에 만들어준 주머니를 배치하고, 2mm 간격 상침으로 고정한다.

❾ 입구 부분을 바텍 처리한다.

안단 작업하기

❶ 전체 심지한 안단의 바깥쪽을 오버록 마감한다(기모 원단은 심지를 하지 않아도 된다).

❷ 오버록한 만큼 안쪽으로 접은 뒤 다려준다.

❸ 접어서 다린 부분을 5mm 간격으로 상침한다.

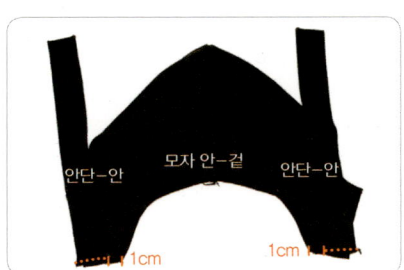
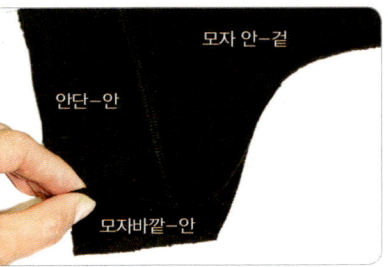

❹ 안쪽으로 들어가는 모자 부분과 안단을 연결한다. 이때 안쪽에서 1cm 떨어지는 부분을 체크한 뒤 사진처럼 모자의 안자락 쪽에만 연결하고 오버록한다.

❺ 뒤상과 앞상의 어깨선을 연결한 뒤 오버록 한다.

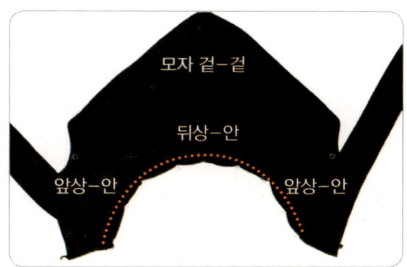

❻ 작업된 상판의 목둘레를 후드 목둘레 부분과 연결한다.

❼ 사진처럼 안단의 1cm 남겨둔 부분에 맞춰 3겹의 목둘레를 한 번에 박고 오버록한다.

❽ 오버록의 깊이만큼 안단에 연결된 쪽으로 가윗밥을 준다.

몸판 연결하기

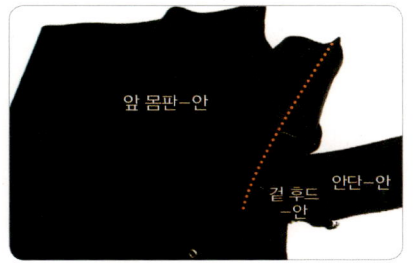
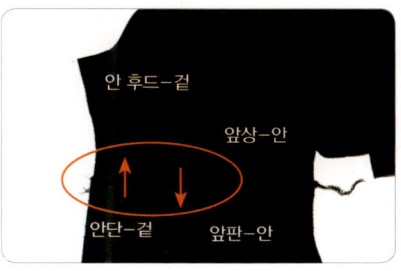
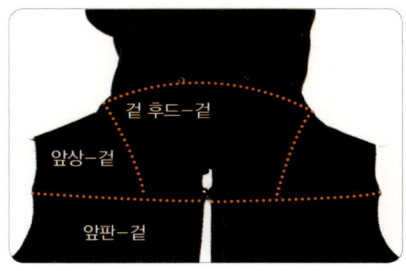

❶ 〈앞하〉를 〈앞상〉과 겉 후드에 연결하고, 오버록한다. 이미 가윗밥을 주었기 때문에 후드 부분의 안단이 달린 부분을 빼고 연결할 수 있다.

❷ 사진처럼 안단 쪽은 시접을 위로 올리고, 〈앞하〉가 달린 시접은 아래로 향하게 한다.

❸ 5mm 간격으로 목둘레와 앞판에 상침한다.

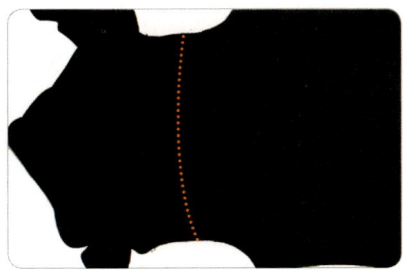
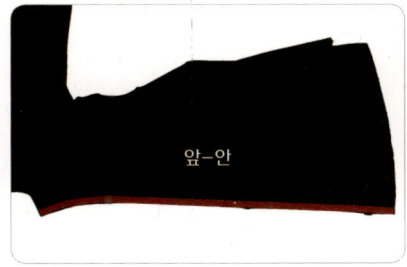
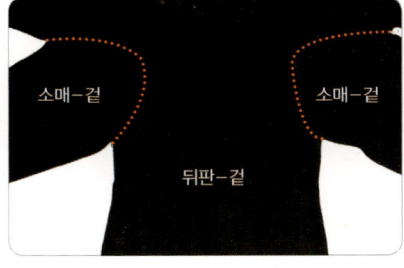

❹ 뒤판을 연결한 뒤 시접 위로 올려 5mm 간격으로 상침한다.

❺ 앞 중심의 지퍼가 달리는 부분에 후드 쪽까지 꼼꼼히 다대 테이프로 심지 작업한다. 지퍼가 달려야 하므로 다대 테이프가 없다면 실크 심지를 식서 방향으로 잘라 붙인다.

❻ 소매 앞뒤 너치를 잘 맞추어 몸판 암홀 부분에 합봉한다.

❼ 몸판과 소매를 ㄱ자로 한 번에 연결하여 박고 오버록한다.

아랫단 연결하고 지퍼 달기

❶ 아랫단 시보리 양쪽의 지퍼가 달리는 부분에 다대 테이프를 붙인다.

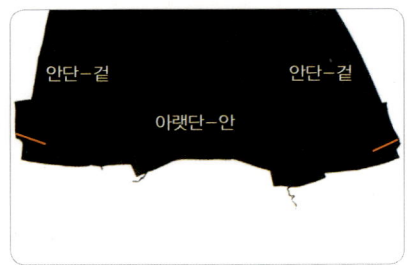

❷ 안단의 아랫부분과 아래 시보리단의 겉과 겉을 마주 대고 고정한다. 그런 다음, 안단만 연결하고 오버록 처리한다.

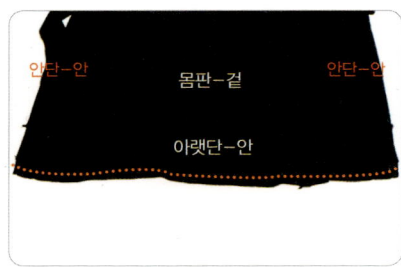

❸ 안단과 연결된 반대편은 몸판과 겉끼리 마주 대고 연결한다. 이때 오버록은 하지 않는다.

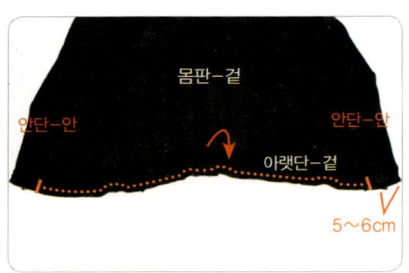

❹ 아래 시보리단을 반으로 접으면서 끌어내려 다시 한 번 박아준 뒤 오버록한다. 이때 사진처럼 양쪽 끝에 5~6cm 정도 남겨놓고 연결한다.

❺ 입은 상태에서 오른쪽에 외노루발을 사용하여 오픈 지퍼를 한쪽에 달아준다. 그런 다음, 허리단이나 주머니 위치 등의 기점을 모두 표시한다. 나머지 지퍼를 한 번 여미고 동일한 위치에 너치를 옮긴다.

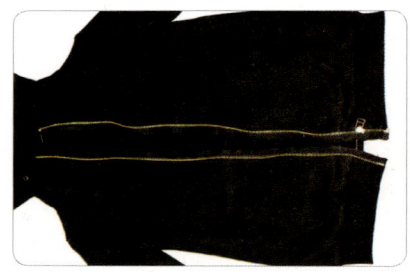

❻ 너치 표시된 부분에 맞추어 시침질을 꼼꼼히하고 마저 단다. 모두 달았으면 다시 한 번 여며서 대칭이 확실히 되었는지 확인하는 단계를 거친다.

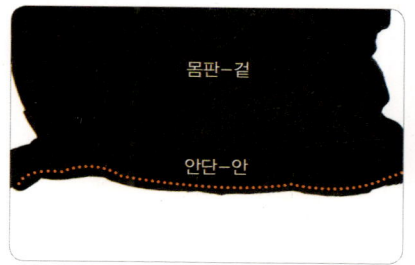
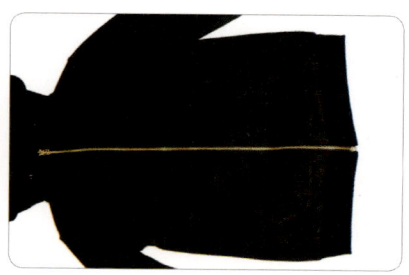

❼ 지퍼의 위쪽은 사진처럼 안쪽으로 접어 넣는다. 그런 다음, 안단을 몸판 위로 올려 겉끼리 마주 대고 외노루발을 이용하여 지퍼 마감을 한다. 이때 아랫부분에 남겨둔 5~6cm 때문에 뒤집혀 진다는 것을 확인할 수 있다.

❽ 지퍼달기를 완성하고, 옷매무새를 확인한다.

상침 마무리한 뒤 완성하기

❶ 소매 시보리단을 만든다.

❷ 소매 시보리를 오버록으로 단다(77page 트랙팬츠 참고).

❸ 시접을 위로 올려 2mm 상침 작업한다.

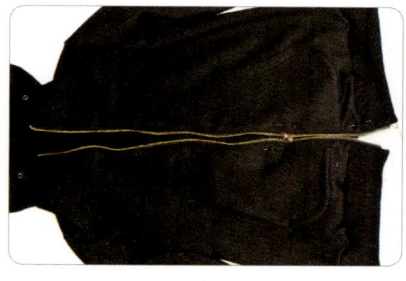
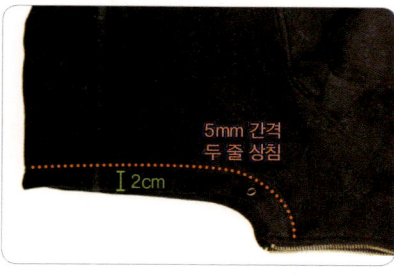

❹ 지퍼가 달린 부분의 안단과 몸판이 잘 맞물리도록 꼼꼼히 시침질하여 5mm 상침한다, 후드 부분은 2cm 띄운 뒤 5mm 간격 두 줄 상침하여 끈 터널을 만든다.

❺ 아랫단 시접은 몸판 쪽으로 올리고 5mm 상침 작업한다. 이때 주름이 지는 부분은 스팀을 주어 톡톡치면서 눌러 자리를 잡는다.

❻ 스트링 끈을 후드에 넣고 스토퍼와 장식을 달아 마무리한다.

02 트랙팬츠

View >> 8 page

추천 원단 및 부자재 소요량

* 쭈리/분또/양면처럼 톡톡한 다이마루 1마~1마 반
* 2:2 시보리 반 마
* 스트링 끈 1야드(Yd)
* 심지 약간(스트링 끈 구멍 보강용)
* 허리 고무줄(2.5~3cm 두께)

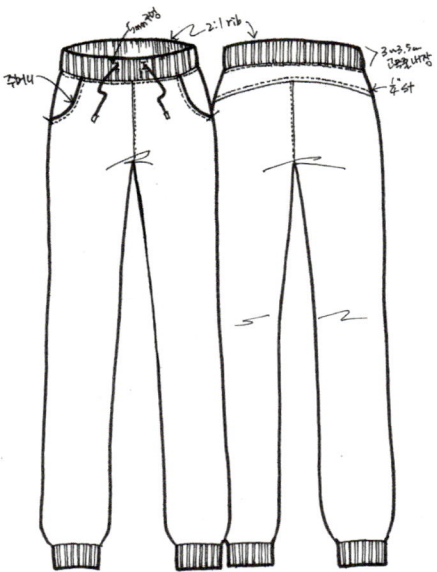
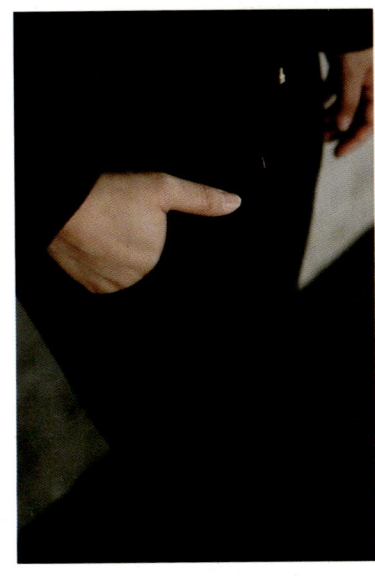

재단 실물본 1면 패턴 수록

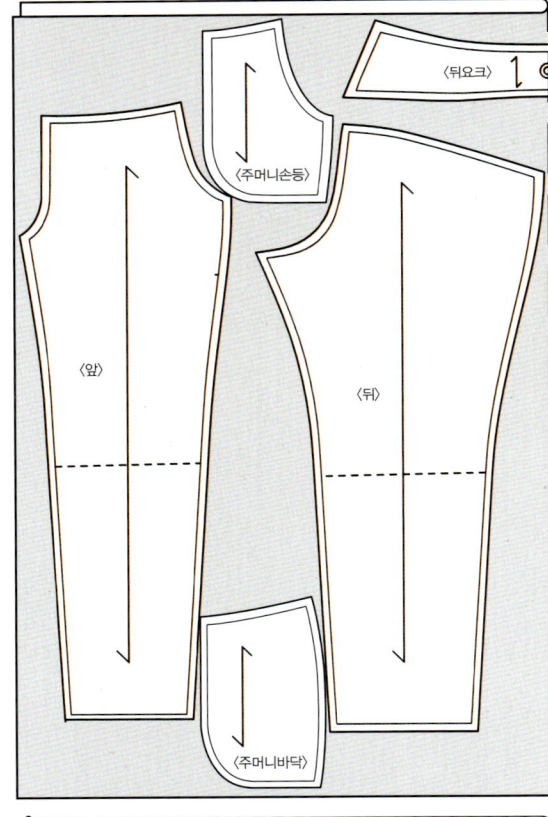

TIP

- 트랙팬츠는 약간 톡톡한 다이마루로 작업하는 것이 좋다.
- 쭈리는 미니쭈리나 2단쭈리가 좋고, 싱글 원단은 너무 얇을 수 있으므로 주의한다.
- 기모가 들어간 원단으로 제작 시 완성선을 2~3mm 정도 더 늘려서 재단하는 것이 좋다.
- 허리밴드의 스트링 끈 구멍은 아일렛으로 처리해도 된다.

재단 시 참고 사항

- 1장 재단: 뒤요크/허리시보리
- 2장 재단: 앞/뒤/주머니손등/주머니바닥/발목시보리

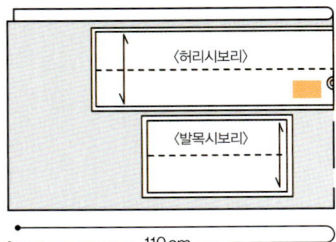

- 색상은 심지 작업

- 기본 시접은 1cm, 그 외는 표시된 숫자(단위: cm)를 확인하고 재단한다.
- 오버록으로 작업 시에는 전체 시접을 0.7cm로 주고, 4색실 오버록으로 세팅한다.

재단 시 유의 사항

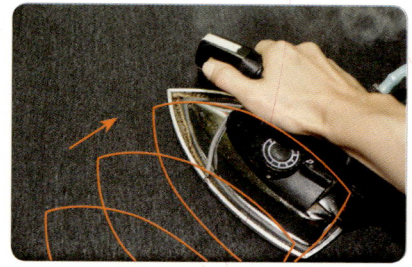
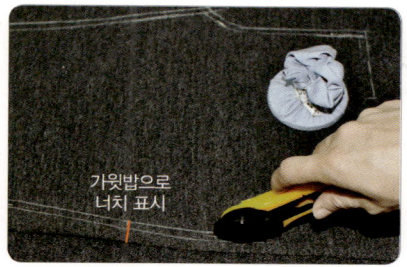

❶ 다이마루 원단이므로 원단 결이 비틀려 있는 경우가 많다. 다리기 전 원단 결이 바로 잡히도록 손으로 만진 뒤, 다리미로 밀지 말고 눌러가면서 스팀을 쐬어 구김을 잡고 결도 바로잡는다.

❷ 두 장을 겹쳐서 재단 시 다이마루가 움직이기 쉬우므로 로터리칼을 이용하여 재단하는 것이 좋다. 다이마루는 가윗밥을 주어 너치 표시하고, 시접은 오버록 기계가 있으면 7mm, 없으면 1cm를 준다.

❸ 바지 뒷면 밑위 부분의 뾰족한 시접은 사진처럼 완성선을 연장하여 시접선과 만나는 지점끼리 연결하여 사선으로 잘라낸다.

허릿단 만들기

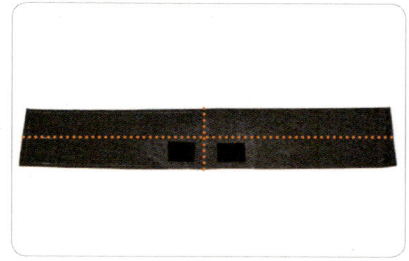

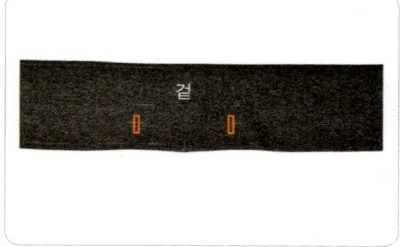

❶ 허릿단 시보리 단춧구멍 위치에 심지를 붙여준다.

❷ 시보리 겉쪽에서 단춧구멍을 낸다. 스트링 끈이 빠지지 않도록 5~8mm 내외의 구멍을 만든다.

❸ 단춧구멍이 사진처럼 뚫어진다.

주머니 달아 앞/뒤판 만들어 놓기

❶ 앞판과 주머니 손등 부분의 겉-겉을 대고 점선 부분을 박음질한다.

❷ 뒤로 넘겨 곡선 부분을 잘 다린다. 이때 시접을 1cm 주었다면 0.5cm로 잘라낸다.

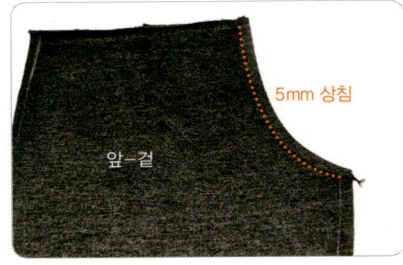

❸ 주머니 입구의 겉쪽에서 5mm 안쪽에 상침한다.

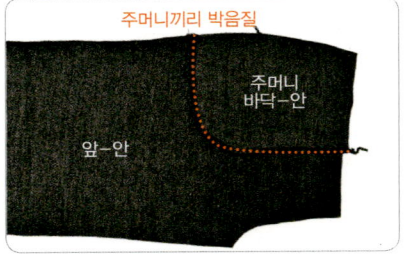

❹ 주머니 바닥과 손등 부분을 겉끼리 마주 대고 두 면을 주머니끼리 박아 마무리한다.

❺ 몸판과 주머니 윗면과 옆면을 고정 박음질한다.

❻ 앞판의 겉끼리 마주 댄 뒤 밑위 부분을 합봉한다.

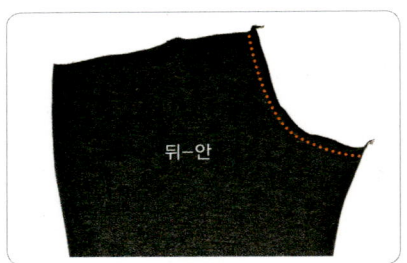

❼ 뒤판의 겉끼리 마주 댄 뒤 밑위 부분을 합봉한다.

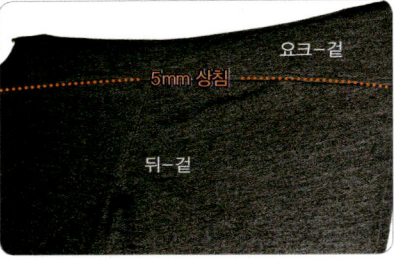

❽ 뒤쪽 요크를 합봉한 뒤 시접을 위로 올려 5mm 상침으로 마무리한다.

앞판과 뒤판 합봉하고
허릿단과 바지단을 달아 마무리하기

❶ 앞판과 뒤판의 겉끼리 마주 댄 뒤 안쪽 면과 옆면을 모두 합봉한다.

❷ 허릿단과 발목의 시보리를 원통형으로 접어 박은 뒤 사진의 파란색 선처럼 시접을 사선으로 잘라낸다.

❸ 박음질 선끼리 맞닿도록 반으로 접어 올려 정리한다.

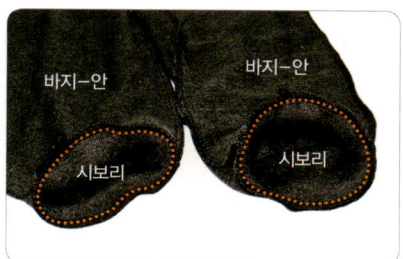

❹ 바지 아랫단에 시보리를 단다.

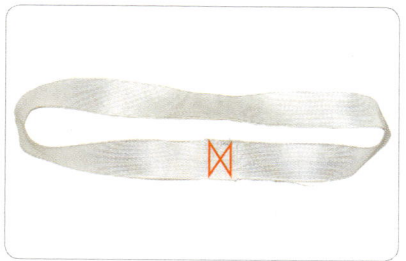

❺ 허리 고무줄은 본인 허리의 70% 정도 길이로 자른 뒤 뫼비우스의 띠 모양으로 박아 원통형으로 연결한다. 그런 다음, 허릿단 안쪽 부분에 고무줄을 4등분 지점마다 세로로 박아 고정한다. 이렇게 하면 고무줄이 꼬이지 않는다.

❻ 허릿단과 바지의 4등분 지점끼리 고정하여 허릿단을 박아준다.

❼ 시접을 아래로 향하게 하고 5mm 상침으로 고정한 뒤 허리 스트링 끈을 넣어 마무리한다.

03 망고 반바지

View >> 10 page

추천 원단 및 부자재 소요량

* 단면 테리/싱글/양면 등의 다이마루 1마
* 2:2 시보리 반 마
* 허리 고무줄(2.5~3cm 두께)

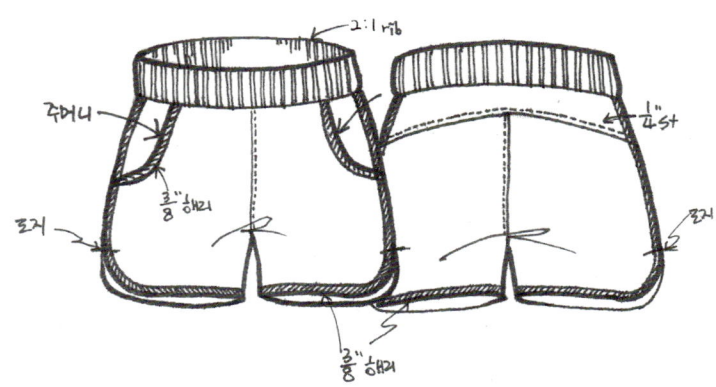

재단 02 트랙팬츠 패턴 사용(실물본 1면)

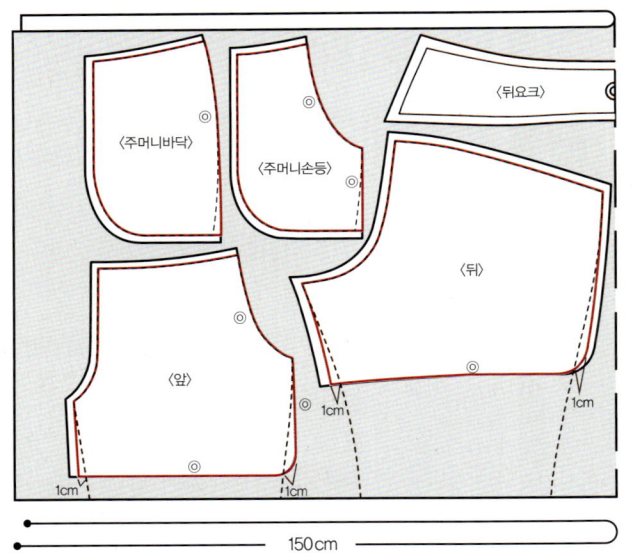

TIP
- 원하는 바지 길이에 따라 적당한 길이로 조절한다.

앞판을 먼저 길이 변형한 뒤 뒤판의 길이를 앞판의 길이와 같게 조절한다. 그러면 사진처럼 안쪽 라인이 더 밑으로 내려오게 되는데, 이때 곡자를 이용해 선을 정리하면 된다. 양옆으로 1cm씩 넓게 바꾸고, 이에 맞춰 주머니도 바꾼다.

재단 시 참고 사항
- 1장 재단: 뒤요크/허리시보리
- 2장 재단: 앞/뒤/주머니바닥/주머니손등

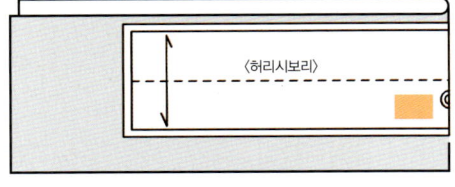

- 기본 시접은 1cm, 그 외는 표시된 숫자(단위: cm)를 확인하고 재단한다.
- 오버록으로 작업 시에는 전체 시접을 0.7cm로 주고, 4색실 오버록으로 세팅한다.
- ▇ 색상은 심지 작업

앞/뒤판 만들기

재단 시 유의 사항

트랙팬츠 만드는 방법 중 다이마루를 다루는 방법을 먼저 확인한 뒤에 재단한다(75page 참고).

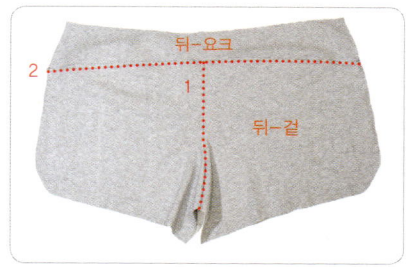

❶ 뒤판 밑위를 연결한 뒤 요크까지 연결한다. 요크 연결 시접은 위로 향하게 하고 5mm 상침한다.

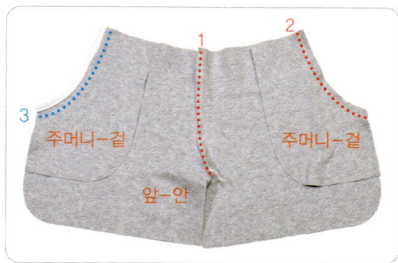

❷ 앞판 밑위를 연결한 뒤 주머니 손등 부분을 고정 박음질하고 바이어스를 둘러준다.

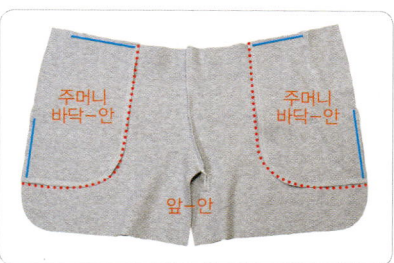

❸ 주머니 바닥을 손등 부분과 겉끼리 마주보게 한 뒤 빨간색 점선을 따라 주머니끼리 박는다. 그런 다음, 몸판과 함께 파란색 선을 따라 고정 박음질한다.

허릿단 만들기

❶ 앞판과 뒤판을 겉끼리 마주 대고 안쪽 다리 부분만 연결한다.

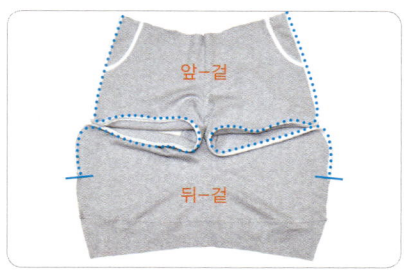

❷ 뒤판은 옆선 7~8cm 정도부터 시작하여 앞판까지 한 번에 바이어스를 두른다.

❸ 앞판 옆선이 뒤판 옆선에 1cm(시접분) 겹치도록 포갠 뒤 박음질로 마감한다. 이때 사진의 파란색 선처럼 바이어스를 둘렀던 박음질 선대로 박아주는 것이 좋다. 똑같이 박을 자신이 없으면 사진의 빨간색 선처럼 바이어스 박음질 부분이 2cm 정도만 겹치게 하여 네모 모양으로 마감 박음질해도 된다.

❹ 허리 고무줄단은 작업하여 단다(77page 트랙팬츠 만들기 참고).

❺ 허릿단의 시접을 아래로 내린 뒤 5mm 상침을 하여 완성한다.

04 레글런 티셔츠

View >> 12 page

추천 원단 및 부자재 소요량

* 싱글/양면/미니쭈리/분또/쿨맥스 등 몸판, 배색 각 1마
* 시보리 약간. 분또, 양면 스판, 쿨맥스 등 탄력이 좋은 원단은 제원단을 사용해도 된다.

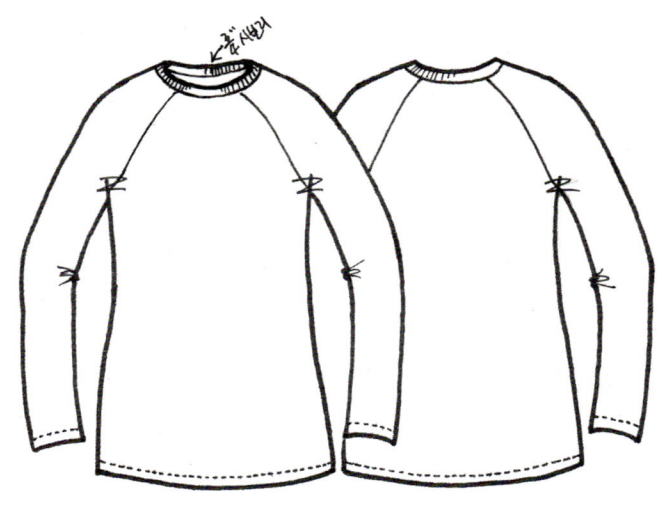

재단 _실물본 1면 패턴 수록_

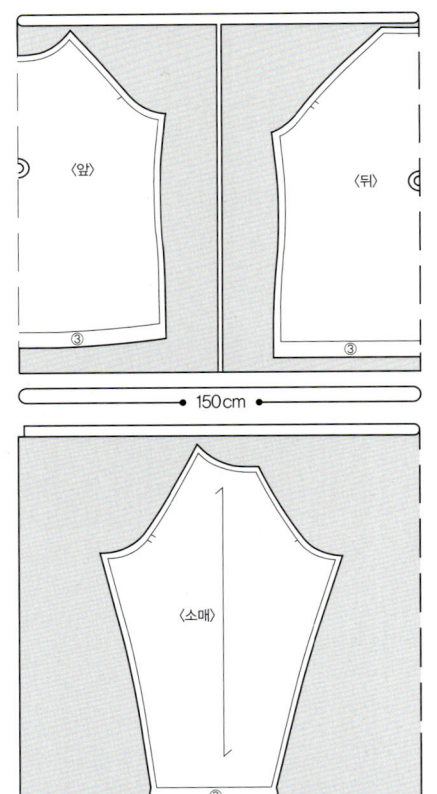

TIP

- 텐션이 좋은 티셔츠 원단은 직선 박음질로 만들면 입다가 틀어지는 경우가 생긴다. 오버록이 있다면 시접을 0.7cm로 재단하여 오버록(4색실)으로 합봉한다.
- 현재는 목 시보리가 2cm 두께인데, 시보리를 조금 얇게 하면 또다른 느낌을 연출할 수 있다. 이때, 목둘레 부분을 0.5~1cm 정도 더 길게 재단한 뒤 얇게 시보리를 달면 된다.
- 레글런 티셔츠는 배색이 된 소매 색상과 같은 색상으로 가슴 쪽에 주머니를 달아주어도 감각적으로 보일 수 있다.

재단 시 참고 사항

- 1장 재단: 앞/뒤/목시보리
- 2장 재단: 소매

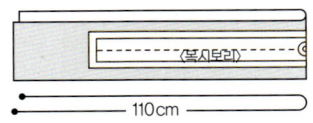

- 몸판, 소매 아랫단 시접: 3cm
- 기본 시접은 1cm, 그 외 시접은 표시된 숫자(단위: cm)를 확인하고 재단한다.
- 오버록으로 작업 시에는 전체 시접을 0.7cm로 주고, 4색실 오버록으로 세팅한다.

재단 시 유의 사항

트랙팬츠를 만드는 방법 중 다이마루를 다루는 방법을 먼저 확인한 뒤에 재단한다(75page 참고).

30~40분 만에
완성하기

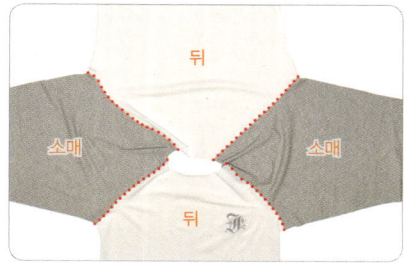

❶ 소매의 앞과 뒤를 잘 구분하여 사진처럼 몸판과 연결한다.

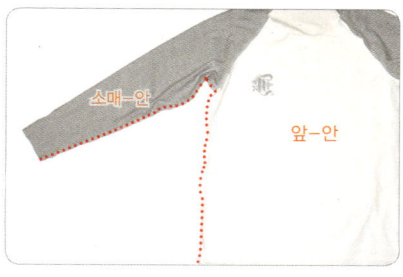

❷ 반으로 접어 몸판과 소매를 한 번에 ㄱ자로 연결한다. 이때 겨드랑이 쪽의 시접은 십자로 교차되게 정리하여 연결하는 것이 좋다.

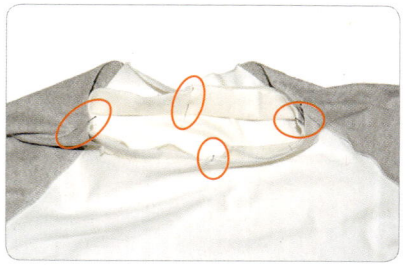

❸ 목 시보리를 4등분 지점끼리 고정하여 달아준다.

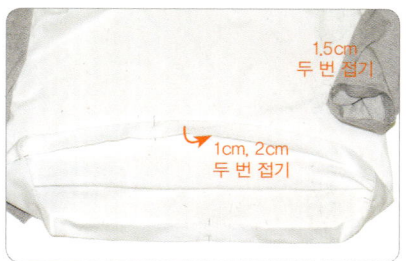

❹ 몸판의 아랫단은 1cm, 2cm 차례대로 두 번 접어 다리고, 소매는 1.5cm씩 두 번 접어 다린다. 이때에는 다리미를 밀면서 다리지 말고 눌러가면서 스팀을 주어 다린다.

❺ 아랫단과 소매는 1줄 또는 2줄 상침으로 고정하고, 목둘레는 0.5cm 상침으로 고정한다. 이때 바늘땀을 너무 촘촘하게 설정하면 입을 때 틀어질 수 있으므로 조금 넓은 간격으로 설정한다.

05 슬림핏 앞단추 티셔츠

View >> 14 page

추천 원단 및 부자재 소요량

* 싱글/양면/미니쭈리/분또/쿨맥스 등 1마 반
* 바이어스/주머니 배색용 원단 약간
* 앞 여밈용 단추나 도트 3개

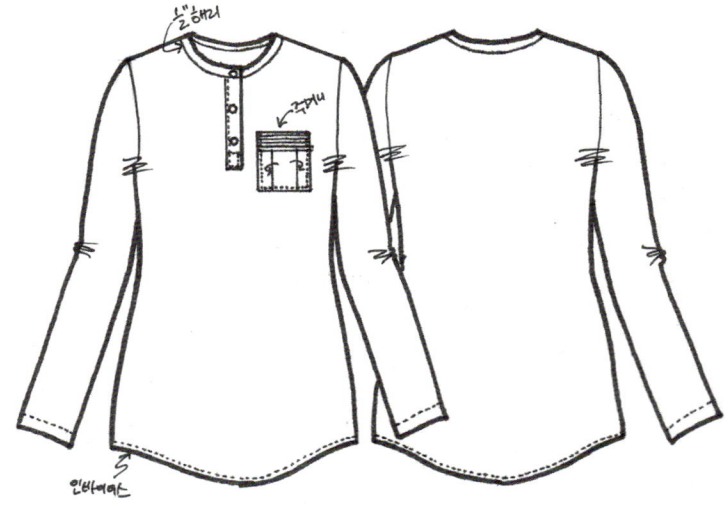

재단 _실물본 2면 패턴 수록_

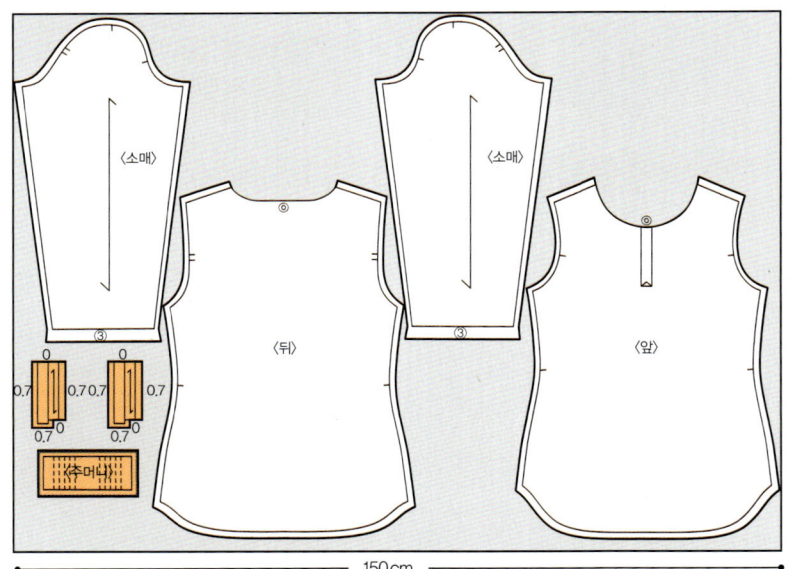

TIP

- 싱글, 양면 미니쭈리 등 계절감에 맞는 다이마루를 선택하여 만들 수 있다. 빈티지한 느낌을 살리기 위해 샘플은 목둘레 바이어스와 주머니에 포인트로 시보리 원단을 이용해 제작했지만 제원단으로 제작해도 좋은 디자인이다. 앞트임이 없는 기본 티셔츠를 만들고 싶다면, 트임 부분을 생략하고 라운드 티셔츠를 만들어도 좋다.

재단 시 참고 사항

- 1장 재단: 앞/뒤/주머니/주머니-상/
  목둘레 바이어스/인바이어스감
  (84p 참고)
- 2장 재단: 소매/앞단작

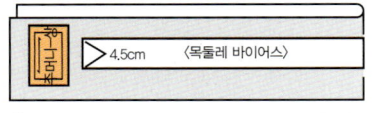

- 목둘레 시접: 0cm/소매 아랫단 시접: 3cm
- 기본 시접은 1cm, 그 외 시접은 표시된 숫자(단위: cm)를 확인하고 재단한다.
- 오버룩으로 작업 시에는 전체 시접을 0.7cm로 주고, 4색실 오버룩으로 세팅한다.
- ▇ 색상은 심지 작업

재단 시 유의 사항

트랙팬츠를 만드는 방법 중 다이마루를 다루는 방법을 먼저 확인한 뒤에 재단한다(75page 참고).

전체 심지 작업

주머니 상하와 앞 단작 부분은 모두 전체 심지한다. 전체 심지를 붙일 때에는 심지를 먼저 붙인 뒤 재단한다. 만약, 재단을 먼저했다면 심지를 조금 작게 붙인다.

부분 심지 작업

앞판 안쪽 단작 부분에 1.5cm 정도 크기의 심지를 붙인다.

주머니 만들어 고정하기

❶ 주머니감은 맞주름으로 고정한 뒤 세 면을 오버록한다.

❷ 오버록한 세 면의 시접을 1cm 접어 다린 뒤 아래 시접이 겹치는 부분의 안쪽 시접을 사선으로 잘라낸다.

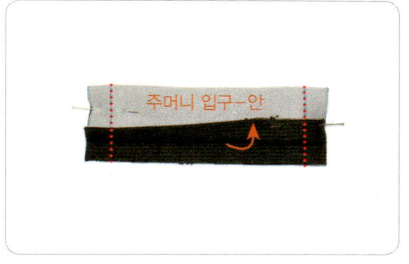

❸ 주머니 입구의 한쪽만 시접을 접어 다려준 뒤 반으로 접어 내리고 양옆을 박아 마감하고 뒤집는다.

❹ 작업해둔 〈주머니-하〉의 안쪽 면에 주머니 입구를 사진처럼 배치하고 시접끼리 박는다.

❺ 시접 위로 올린 뒤 주머니 입구로 감싸면서 겉으로 넘겨와 2mm 상침으로 마무리한다.

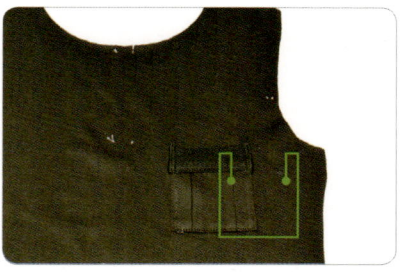

❻ 입구 마감 처리를 선대로 하면서 2mm 상침으로 앞판 주머니 위치에 단다.

앞트임 단작 만들기

❶ 사진처럼 시접과 접는 선을 따라 미리 접어 다려 놓는다.

❷ 앞판에 단작 위치를 표시하고 몸판의 중심을 기준으로 입어서 오른쪽에 윗단작이 오도록 배치하고 박아서 고정한다. 그런 다음, 중심을 기점으로 끝부분이 Y자가 되도록 몸판을 자른다.

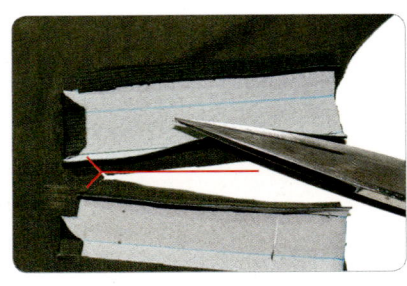

❸ 미리 접어 다려 놓은 대로 단작을 정리하고 잘라낸 삼각형 모양이 단작들 사이에 끼도록 한 뒤 아랫단작을 1~2mm 간격으로 상침 고정한다. 이때 아랫부분까지 잘 물리도록 확인하면서 박는다.

❹ 윗단작도 정리하여 1~2mm 간격 상침으로 고정한다. 이때 아랫부분은 남겨두고 박는다.

❺ 위와 아랫단작끼리 서로 잘 맞물리도록(겹쳤을때 아랫단작이 보이지 않도록 잘 정리한다. 겹친 뒤 사진의 빨간색 선처럼 상침 고정한다.

아랫단 인바이어스 두르기

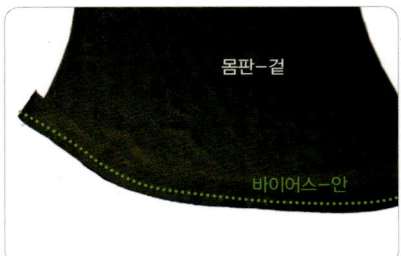

❶ 3cm 두께로 푸서 방향 재단한 바이어스(다이마루는 푸서 방향으로 재단한다)를 앞과 뒤의 몸판 겉에 1cm로 둘러 박는다.

❷ 시접째 몸판 안쪽으로 바이어스를 접어 다린 뒤 다시 한 번 시접을 감싸면서 한 번 더 접어 넣어 다린다(밀지 말고 다리미로 스팀을 주면서 눌러 다린다).

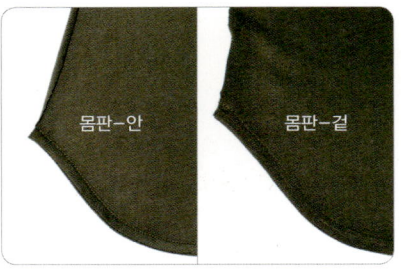

❸ 1mm 상침으로 바이어스를 박아준다. 몸판 안쪽에서는 바이어스가 보이고, 겉단에서는 박음질 선만 보인다.

몸판 연결하기

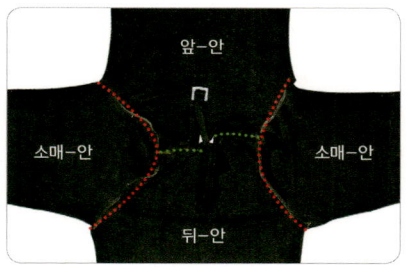

❶ 앞-뒤 어깨선을 박은 뒤 소매를 연결한다.

❷ 소매를 기준으로 반으로 접어서 소매와 몸판을 이어 한 번에 박은 뒤 옆선 시접을 뒤로 넘겨 다리고 아랫부분을 1cm 정도 박아 시접을 고정한다(몸판을 박을 때 아랫부분부터 박아야만 아랫단의 옆선이 어긋나게 마무리되지 않는다).

❸ 4.5cm 두께로 재단한 바이어스를 한쪽만 오버록한 뒤 양 끝을 1cm 정도 단작을 감싸면서 접어 놓고 목둘레를 박음질한다. 2:2 시보리를 바이어스감으로 쓰기 때문에 두꺼워질 수 있어서 4단이 아닌 3단 겹침 바이어스를 두를 예정이므로 오버록 작업을 해야 한다. 얇은 원단으로 바이어스를 두를 경우에는 기본 바이어스처럼 안쪽도 깔끔하게 넣어 4단 바이어스로 마무리한다.

❹ 좀 더 빈티지한 느낌이 나도록 1.2~1.3cm 두께로 바이어스를 주었다. 사진처럼 바이어스를 접어 다려 마무리하고 꼼꼼하게 시침질한다.

❺ 바이어스와 몸판이 달린 경계선대로 겉쪽에서 다시 한 번 박아 완성한다. 송곳 등을 이용하여 원단을 양쪽으로 벌리면서 박아주면 손쉽게 경계선 박음을 할 수 있다.

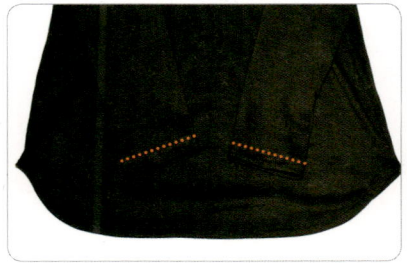

❻ 소매단을 1.5cm씩 두 번 접어 다리고 상침으로 마무리한다(바늘땀은 3~3.5cm 정도).

❼ 앞 단작에 단추나 스냅을 달아 완성한다.

06 레이스 배색 저지 롱 원피스

View >> 16 page

추천 원단 및 부자재 소요량

* 싱글 스판/레이온 스판 다이마루 1마 반
* 배색 레이스
* 앞 여밈용 단추나 도트 3개

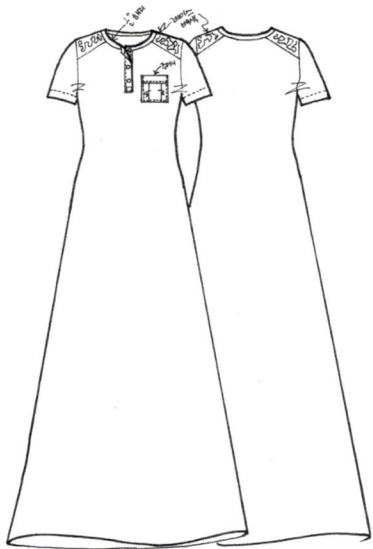

재단 05 슬림핏 앞단추 티셔츠 패턴 사용(실물본 2면)

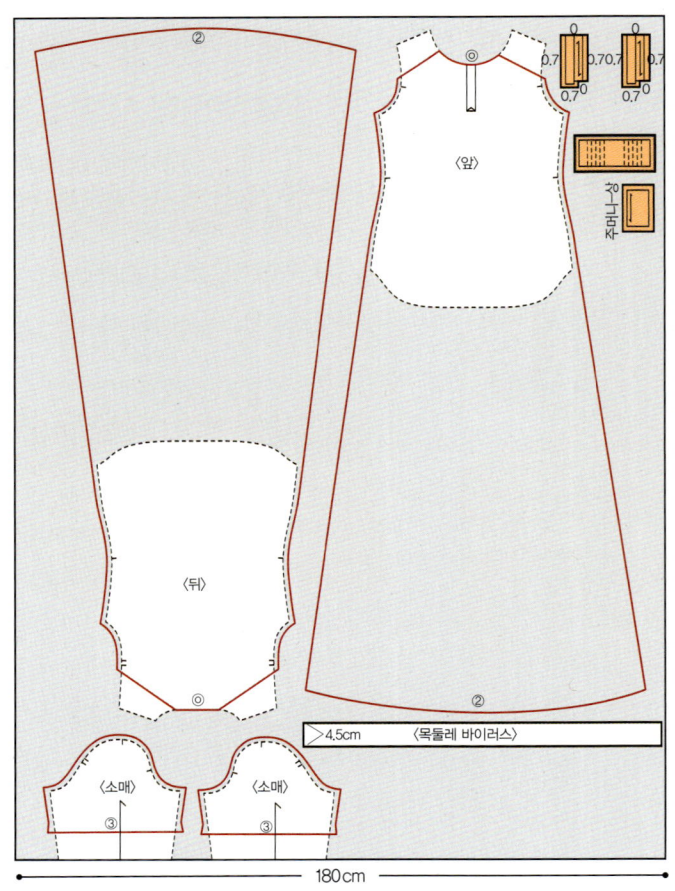

TIP

- 롱 길이의 원피스를 만들 때는 다이마루 결을 바로 잡아 다림질을 꼭 해야 한다. 그래야만 전체적으로 흐르는 라인이 잘 잡힌다.
- 오버록이 있다면 4색실 오버록을 이용하여 만들어주면 된다. 직선 박음질로 만들어야 한다면, 땀 수를 좀 넓게 해주고, 아랫실은 날라리사를 이용한다.
- 노루발의 장력이 너무 세면 울 수 있으므로 조금 낮춰준다.

재단 시 참고 사항

- 1장 재단: 앞/뒤/주머니/주머니-상/목둘레 바이어스
- 2장 재단: 소매/앞단작/어깨배색레이스

- 목둘레 시접: 0cm/소매 아랫단 시접: 3cm
- 기본 시접은 1cm, 그 외 시접은 표시된 숫자(단위: cm)를 확인하고 재단한다.
- 오버록으로 작업 시에는 전체 시접을 0.7cm로 주고, 4색실 오버록으로 세팅한다.
- 색상은 심지 작업

재단 시 유의 사항

트랙팬츠를 만드는 방법 중 다이마루를 다루는 방법을 먼저 확인한 뒤 재단한다(75page 참고).

어깨 배색 패턴

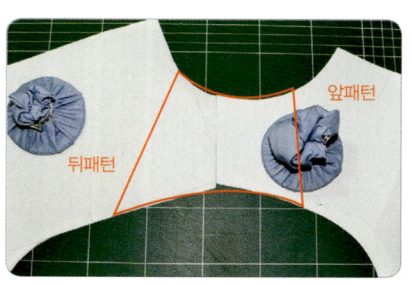

❶ 뒤쪽 어깨와 앞쪽 어깨는 길이 차이가 있다.

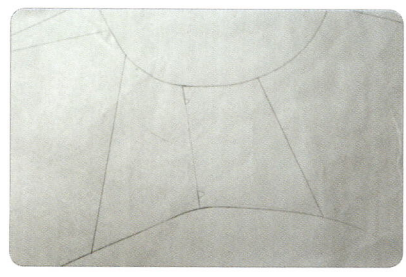

❷ 사진처럼 뒤와 앞을 어깨끼리 맞대고 라인을 부드럽게 이어 배색 요크 패턴을 만든다.

소매 패턴 변형하기

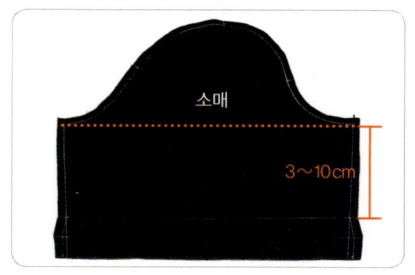

반팔 소매로 만들 때에는 겨드랑이 지점에서 원하는 길이만큼 잘라서 사용한다.

원피스로 패턴 변형하기

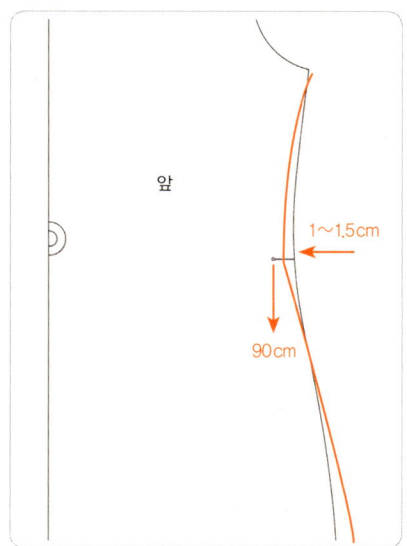

앞과 뒤의 허리 부분 너치 표시를 기점으로 하여 원하는 길이만큼 밑으로 내린다(키 163cm를 기준으로 90cm 내리면 롱 원피스가 된다). 허리 부분은 1~1.5cm 정도 더 들어가게 라인 정리를 하고, 원하는 치마 넓이로 아랫단을 넓힌다.

전체 과정 따라하기

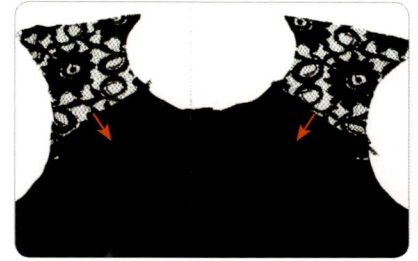

❶ 앞트임 작업을 한다(84page 참고).

❷ 레이스 배색을 연결한 뒤 시접이 몸판을 향하도록 다린다.

❹ 목둘레 바이어스를 정리한다(85page 참고).

❺ 소매와 몸판을 한 번에 이어서 ㄱ자로 연결한 뒤 소매단을 1.5cm씩 두 번 접어 다려 박는다.

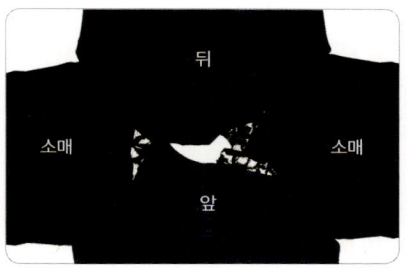

❸ 뒤판과 배색을 연결하고 소매까지 연결한다.

❻ 치마 밑단 역시 1cm씩 두 번 접어 다려 박아 마무리한다.

07 터틀넥 가오리 풀오버

View >> 18 page

추천 원단 및 부자재 소요량

* 니트류 1마 반~2마

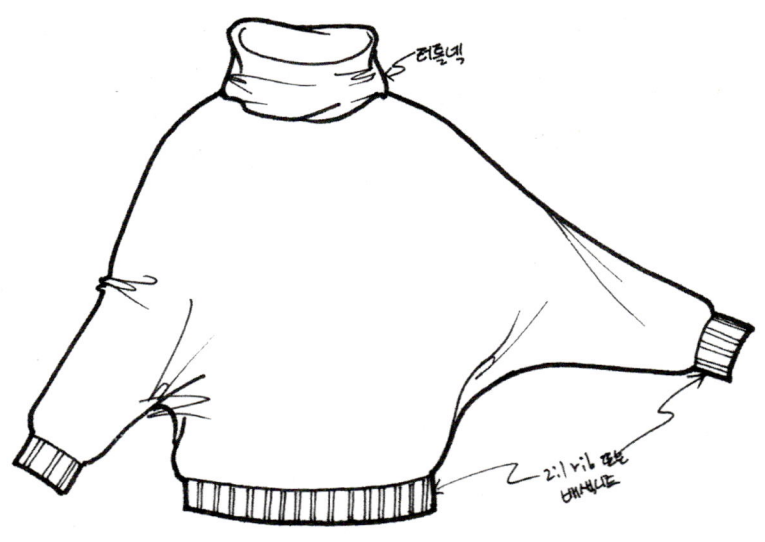

재단 실물본 4면 패턴 수록

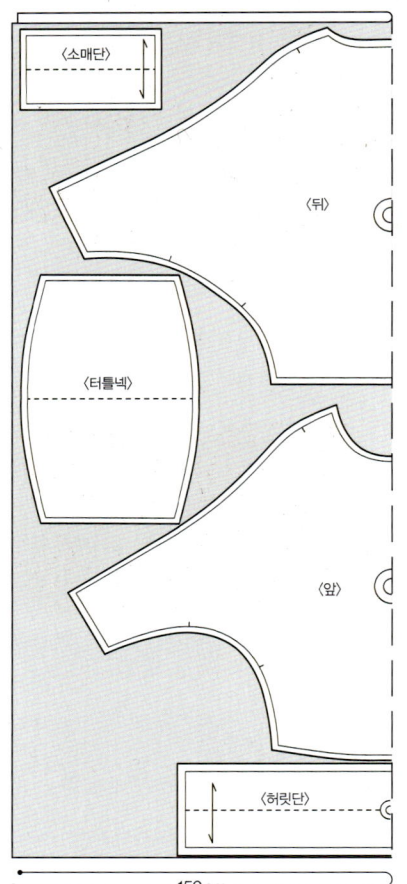

TIP
- 어느 정도 신축성이 있는 니트류로 만들기 때문에 따로 시보리는 없어도 된다. 원단의 이면을 이용해 시보리와 터틀넥 부분에 포인트를 주어도 좋다.
- 터틀넥을 달지 않을 경우, 목둘레를 1cm 정도 더 해주고 안단 처리를 하거나 인바이어스를 해준다. 일반 다이마루로 제작 시에는 드레이프성이 있는 원단을 선택한다.

재단 시 참고 사항
- 1장 재단: 앞/뒤/허릿단(89p 허릿단 재단 참고)
- 2장 재단: 소매단/터틀넥

- 기본 시접은 1cm, 그 외 시접은 표시된 숫자(단위: cm)를 확인하고 재단한다.
- 오버록으로 작업 시에는 전체 시접을 0.7cm로 주고 4색실 오버록으로 세팅한다.

허리/소매 시보리 재단

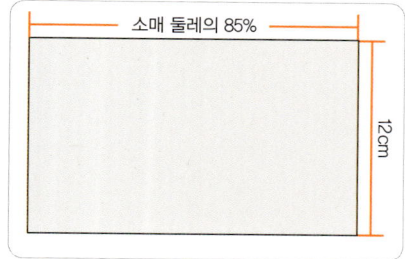
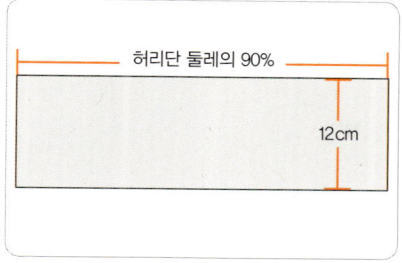

❶ 소매 시보리는 너비: 소매 둘레의 80~85%, 높이 12cm로 재단한다. 너비는 원단의 텐션에 따라 가감한다.

❷ 허리단의 시보리는 너비: 허리둘레의 90%, 높이 12cm로 재단한다.

전체 과정 따라하기

❶ 앞과 뒤 몸판의 겉끼리 마주 대고 어깨선-소매, 옆선-안 소매를 모두 잇는다.

❷ 터틀넥 모양대로 두 장을 재단하여 겉끼리 마주 대고 옆을 박는다.

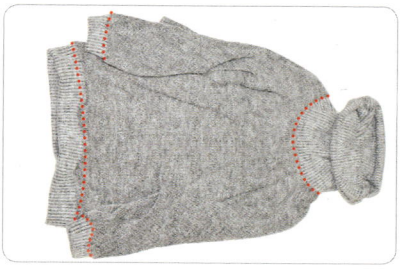

❸ 반으로 접어 터틀넥을 완성한다.

❹ 터틀넥과 소매, 허릿단을 연결하여 완성한다(77page 시보리 달기 참고).

08 레이스 셔링 소매 티셔츠

View >> 20 page

추천 원단 및 부자재 소요량

* 레이스 원단 1마~1마 반
* 안감용 싱글 스판 1마

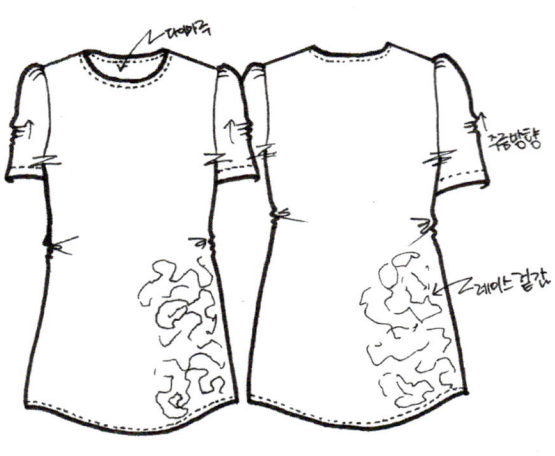

재단 05 슬림핏 앞단추 티셔츠 패턴 사용(실물본 2면)

〈레이스감〉

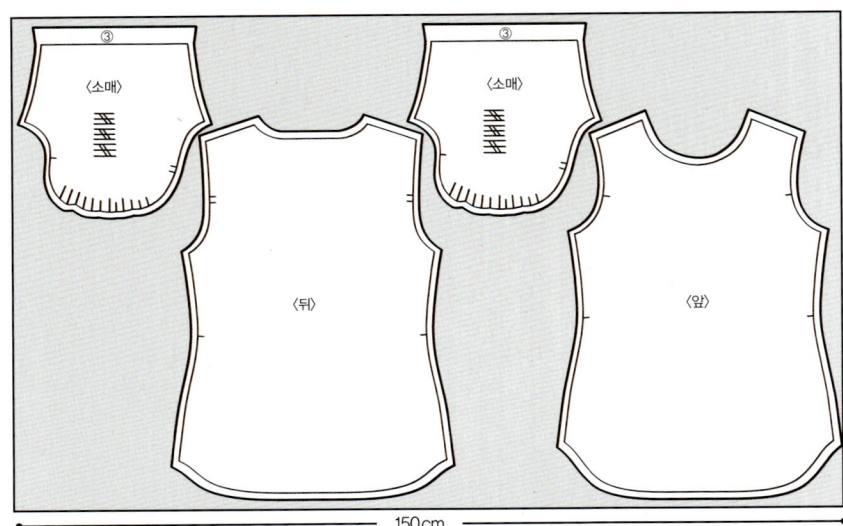

TIP

• 셔링 소매가 싫다면 앞트임 티셔츠의 원본 소매 패턴을 이용한다. 그러면 좀 더 심플한 레이스 티셔츠가 완성된다.

• 안감에 면 다이마루 싱글지를 이용하면 속옷 위에 바로 걸칠 수 있는 레이스 티셔츠를 만들 수 있다. 속에 받쳐 입을 끈나시 등을 따로 준비하는 경우에는 안감 없이 만들고, 목둘레는 인바이어스 처리를 해준다(인바이어스 방법-84p 앞트임 티셔츠 밑단 처리 방법 참고).

재단 시 참고 사항

〈레이스감〉
• 1장 재단: 앞/뒤
• 2장 재단: 소매

〈안감〉
• 1장 재단: 앞/뒤

〈안감〉

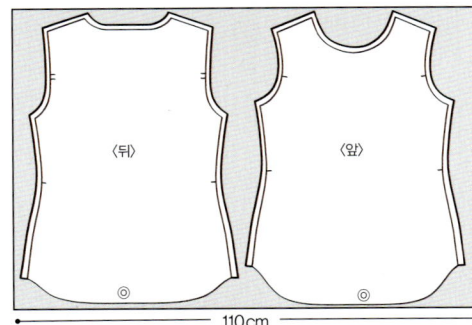

• 안감 아랫단 시접: 0cm

• 기본 시접은 1cm, 그 외 시접은 표시된 숫자(단위: cm)를 확인하고 재단한다.

• 오버록으로 작업 시에는 전체 시접을 0.7cm로 주고, 4색실 오버록으로 세팅한다.

재단 시 유의 사항

트랙팬츠를 만드는 방법 중 다이마루를 다루는 방법을 먼저 확인한 뒤 재단한다(75page 참고).

소매 부분 셔링 잡기

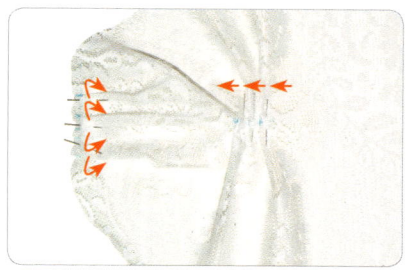

패턴에 표시된 주름 표시대로 중간을 기점으로 하여 주름이 마주보도록 총 4개를 잡는다. 소매 중간의 셔링은 세 단 위로 올려 접은 뒤 세로로 박아 고정한다.

전체 과정 따라하기

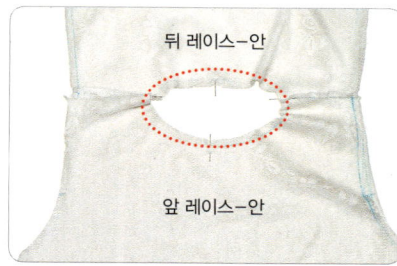

❶ 겉감과 안감의 어깨를 각각 박은 뒤 안감과 겉감의 겉과 겉을 마주 대고 목둘레를 박는다.

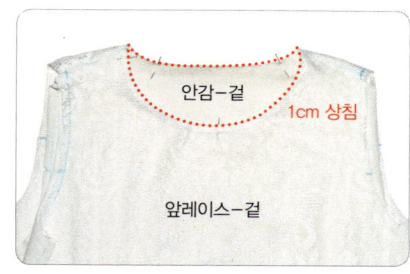

❷ 박은 목둘레를 뒤집어 겉감이 위로 나오게 잘 정리하고 다려준 뒤 목둘레 1cm 상침한다. 이때 안감이 바깥쪽으로 빠지지 않도록 잘 정리한다.

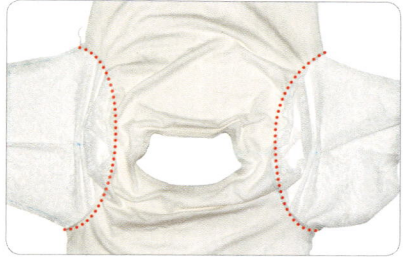

❸ 안감과 레이스 겉감을 소매와 함께 연결한다.

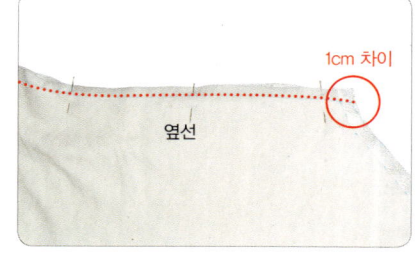

❹ 소매와 옆선을 한 번에 ㄱ자로 박는다. 옆선 박음질 시 아랫단의 안감과 겉레이스감이 1cm 차이가 나는 것을 확인하자.

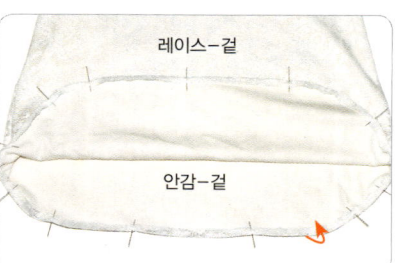

❺ 레이스 아래 밑단 1cm로 안감을 감싸면서 접어 다려 올린다. 올 풀림이 없는 레이스 원단은 한 번만 접어 올려 박고, 올 풀림이 있는 레이스 원단은 밑단 시접을 2cm 주고 두 번 접어 올려 박는다.

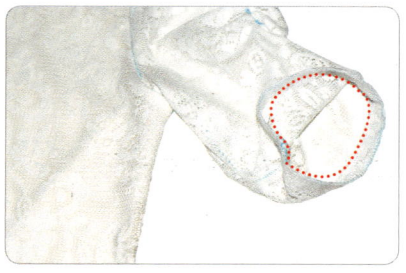

❻ 소매 밑단을 1.5cm씩 두 번 접어 다려 박고 마무리한다.

09 플리츠 스커트

View >> 22 page

추천 원단 및 부자재 소요량

* 린넨/폴리트윌/콕스 원단 등 1마 반
* 콘솔 지퍼
* 걸고리
* 실크 심지/다대 테이프 약간

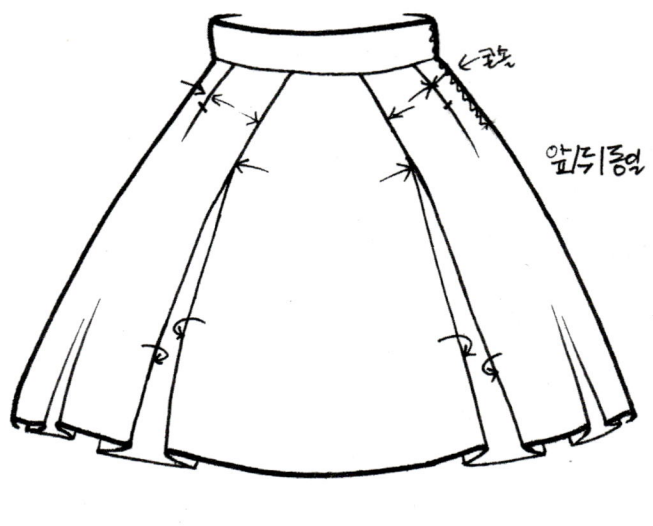

재단 *실물본 3면 패턴 수록*

TIP

• 주름치마는 사용하는 원단에 따라 실루엣이 다르게 연출된다. 이 책에 실린 콕스는 원단 자체의 힘이 좋은 톡톡한 원단이므로 많이 퍼지는 실루엣 연출에 좋다. 린넨이나 트윌 원단 등을 이용하면 적당한 실루엣을 연출할 수 있다. 다양한 원단으로 만들어 보기 좋은 주름치마로, 유행에 따라 길이를 늘려 미디 길이로 입어도 좋은 디자인이다.

재단 시 참고 사항

• 2장 재단: 앞/뒤 공용치마/앞 OB/뒤 OB

• 옆선 시접: 1.5cm/아랫단 시접: 3cm
• 기본 시접은 1cm, 그 외 시접은 표시된 숫자(단위: cm)를 확인하고 재단한다.
• 색상은 심지 작업

전체 심지 작업하기

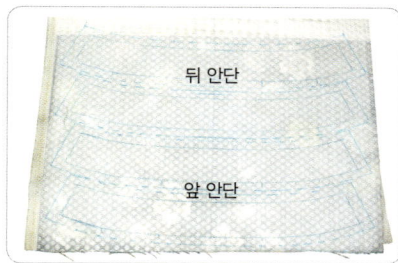

앞/뒤 안단 모두 전체 심지 작업한다. 적당한 사이즈의 원단에 심지 전체를 붙인 뒤 재단하면 더욱 좋다.

부분 심지 작업하기

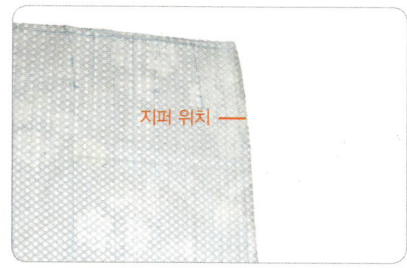

입은 상태에서 왼쪽 방향의 지퍼 위치에 앞/뒤 판 모두 심지 작업을 한다. 1~1.5cm 정도 길게 작업한다.

치마 주름잡기

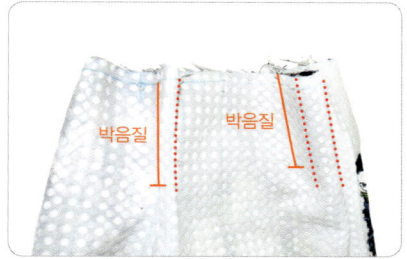
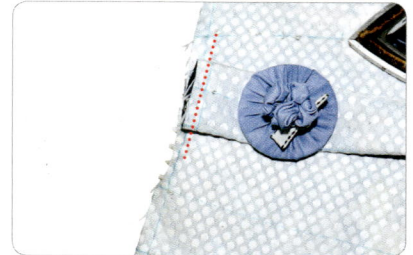

❶ 먼저 외주름과 맞주름을 사진처럼 박고, 맞주름은 박음선을 기준으로 눌러서 다린 뒤에 고정 박음질한다.

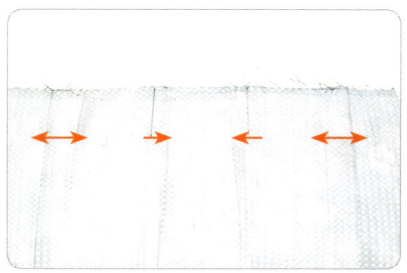

❷ 외주름은 몸의 중심 쪽으로 향하게 넘겨 윗부분만 다린다.

❸ 양옆의 옆선 쪽으로 향하는 주름을 아래부분까지 눌러 다려준다. 가운데에 위치한 사선 방향의 주름은 미리 잡아둔 주름을 가리도록 패턴대로 접어 윗부분만 다려준 뒤 고정 박음질한다.

옆선 잇고, 허릿단 달기

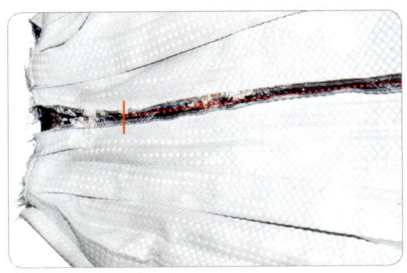

❶ 치마 앞과 뒤의 옆선에 오버록한 뒤 옆선을 잇고 가름솔로 다린다. 입은 상태에서 왼쪽 부분은 지퍼 위치까지만 박는다.

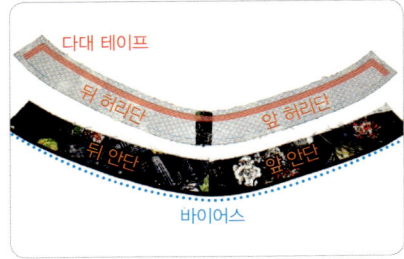

❷ 전체 심지해둔 허릿단과 안단의 앞과 뒤를 이어 가름솔로 정리한 뒤 허릿단에 다대 테이프를 완성선 안쪽에 둘러 붙인다. 안단은 바이어스를 둘러 밑단 마감해둔다 (131page '바이어스치기' 참고).

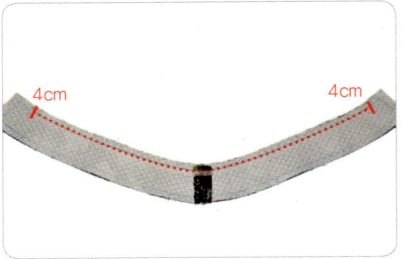

❸ 허릿단과 안단의 겉끼리 마주 대고 박는다. 단, 이때에는 양옆 3~4cm를 남기고 박는다.

❹ 시접이 안단 쪽으로 향하게 하고, 2mm 상침 보강 박음질한다.

❺ 몸판에 허릿단을 겉끼리 마주보게 하여 박는다. 안단의 옆 시접은 0.5cm를 잘라내어 1cm로 만든다.

콘솔 지퍼 달기

❶ 콘솔 지퍼는 달기 전에 미리 다리미로 펴 둔다.

❷ 콘솔 지퍼는 위부터 박음질하여 다는 것이 원칙이다. 지퍼 이빨이 완성선에 닿도록 배치하고 외노루발로 박는다.

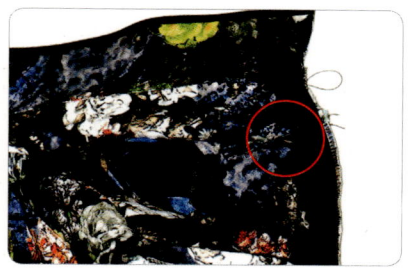

❸ 한쪽에 지퍼를 단 뒤 지퍼를 여며 허릿단 위치에 너치 표시를 한다.

❹ 너치 표시를 해둔 것에 잘 맞춰 나머지 맞은편에도 지퍼를 달고, 잘 맞는지 확인한다.

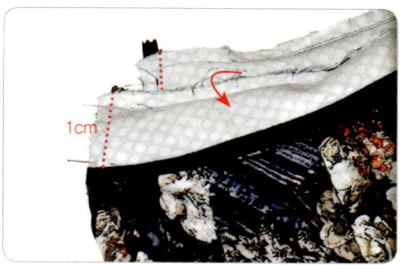

❺ 안단을 넘겨온 뒤 옆선 1cm 부분을 박는다.

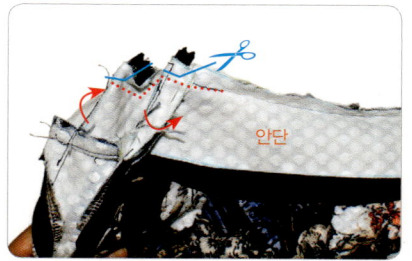

❻ 옆선 시접을 안단 쪽으로 접어 넘긴 뒤 위쪽을 박는다. 가위로 모서리를 잘라낸 뒤 뒤집어주면 된다.

❼ 뒤집어 잘 정리된 모습이다. 허릿단에 남아 있던 0.5mm의 여유분이 안단 쪽으로 접혀 박히면서 정리가 되고, 지퍼를 올리거나 내릴 때 안단이 찝히지 않도록 잡아당겨져 있는 것을 볼 수 있다.

❽ 허릿단과 안단이 잘 물리도록 정리한 뒤 겉쪽에서 박음질 선대로 박아 허릿단을 정리한다. 지퍼 여밈 끝 쪽에 걸고리를 단다.

❾ 치마 아랫단을 오버록한 뒤 감침질을 하거나 같은 색상의 실로 상침을 한다.

10 오버핏 유니크 셔츠

View >> 24 page

추천 원단 및 부자재 소요량

* 청해지/린넨/30수 면트윌 1마 반
* 11~13mm 단추 6개
* 상침사
* 다대 테이프/ 실크 심지 약간

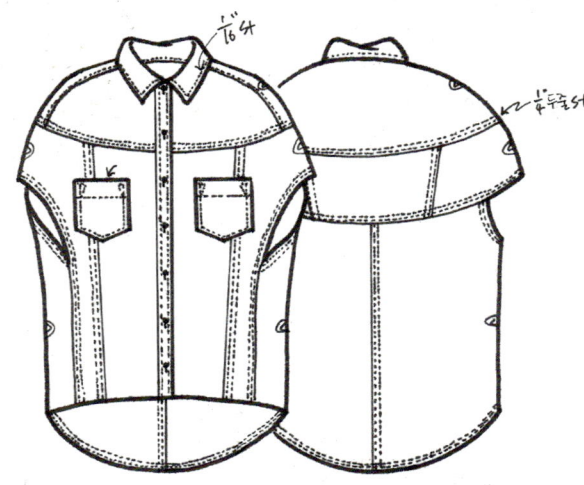

재단 실물본 3면 패턴 수록

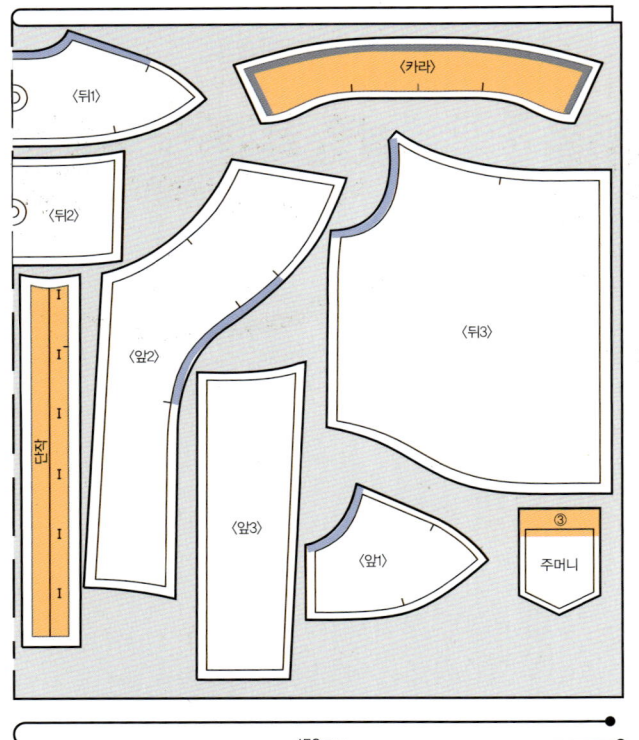

TIP

- 셔츠를 만드는 원단은 어떤 것이라도 무방하다. 면이나 린넨으로 만든다면 원단은 선세탁을 하여 수축률을 잡아주어야 한다. 세탁을 못한다면 분무기로 충분히 물을 뿌려 1~2시간 뒤 다려서 쓴다.
- 상침사는 지누이도사가 아니라 코아사를 써도 된다. 전체 심지하는 카라와 단작은 미리 원단에 심지를 붙인 뒤 재단한다.

재단 시 참고 사항

- 1장 재단: 뒤1/뒤2
- 2장 재단: 앞1/앞2/앞3/단작/카라/주머니

- 주머니 윗단 시접: 3cm
- 기본 시접은 1cm, 그 외 시접은 표시된 숫자(단위: cm)를 확인하고 재단한다.
- 색상은 심지 작업
- 색상은 다대 테이프 작업

150cm

전체 심지 작업하기

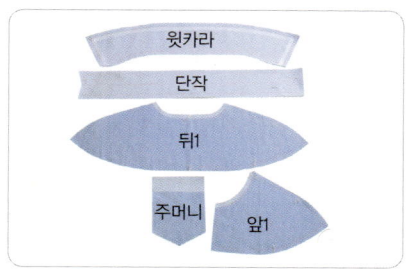

카라 두 장, 단작 두 장에 전체 심지 붙여준 뒤 카라 두 장 중 윗카라에는 위-옆 세 면의 완성선 안쪽에 다대 테이프를 붙인다.
뒤1과 앞1의 목둘레에 다대 테이프를 붙이고, 주머니 위쪽에 4cm 두께로 심지를 붙인다.

주머니 만들어 앞판에 달기

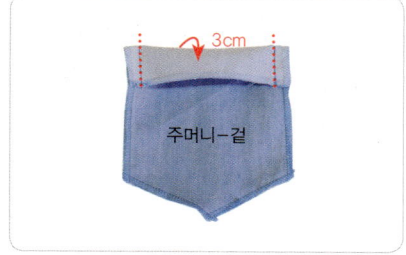

❶ 주머니 외곽을 오버록한 뒤 주머니 윗면을 3cm 접고, 양옆 시접 1cm 박는다.

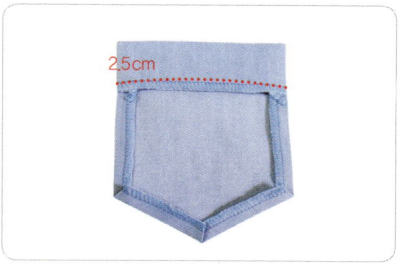

❷ 접은 선을 기준으로 뒤집어 다린 뒤 외곽 1cm를 접어 다린다. 입구 부분 2.5mm 지점을 박아 마무리한다.

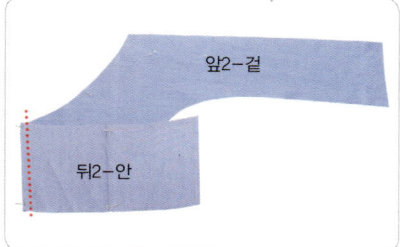

❸ 뒤2와 앞2를 겉끼리 마주 대고 박은 뒤 오버록한다.

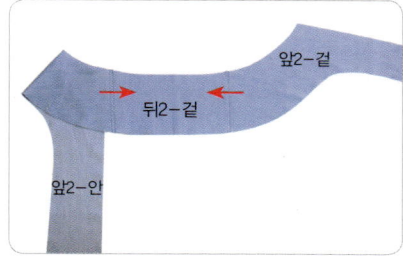

❹ 시접을 몸 중심으로 넘겨 두 줄 상침한다.

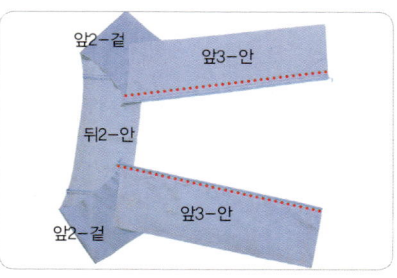

❺ 앞2와 앞3을 연결한 뒤 오버록한다.

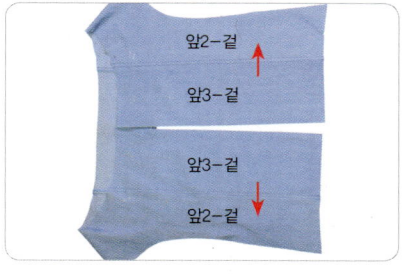

❻ 시접을 바깥쪽으로 향하게 다린 뒤 두 줄 상침한다.

❼ 주머니 위치에 입구 처리하면서 상침으로 고정한다.

몸판 완성하기

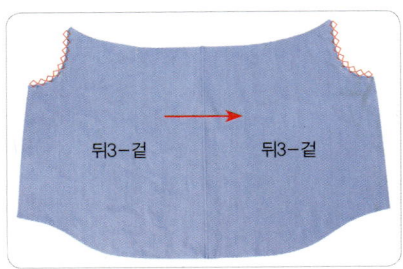

❶ 뒤3끼리 연결하여 오른쪽으로 시접을 보내고 두 줄 상침한다. 뒤쪽의 암홀 부분에는 다대 테이프를 붙이고 오버록한다.

❷ 오버록한 뒤쪽의 암홀 부분을 1cm 접어 다린다.

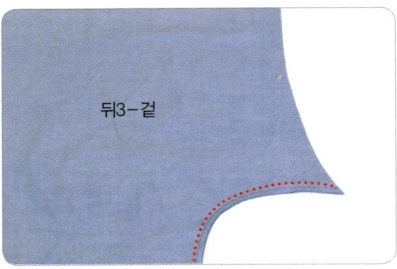

❸ 접어 다린 암홀 부분을 두 줄 상침한다.

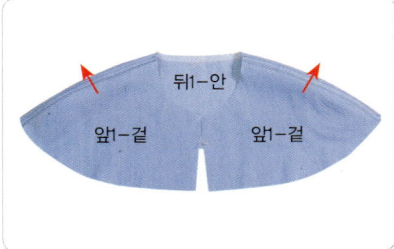

❹ 뒤1과 앞1 어깨선을 연결한 뒤 오버록하고 시접을 뒤로 보내 두 줄 상침한다.

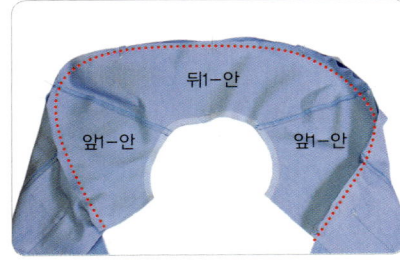

❺ 작업해 놓은 위와 아래의 몸판을 잇고 오버록한다.

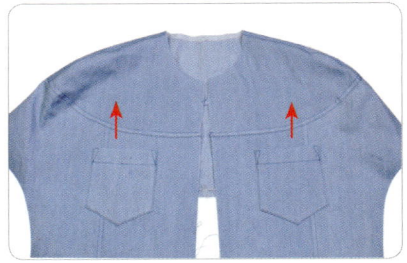

❻ 시접을 위로 올려 다리고 두 줄 상침한다.

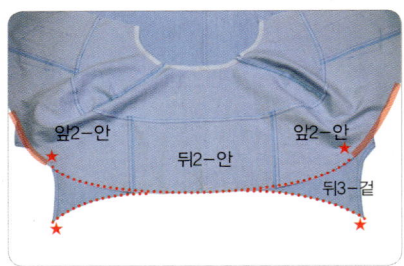

❼ 앞2의 암홀 부분은 다대 테이프를 붙이고, 뒤3을 사진처럼 뒤2에 연결한다.

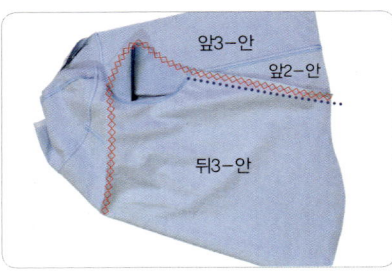

❽ 뒤3과 앞2의 옆선을 박고난 뒤 한 번에 이어서 오버록으로 둘러친다.

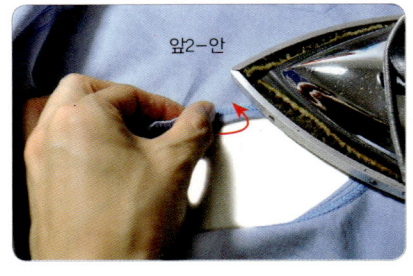

❾ 앞 암홀 부분의 1cm를 접어 다리면서 옆선과 뒤판을 이어준 시접까지 함께 다려 넘긴다.

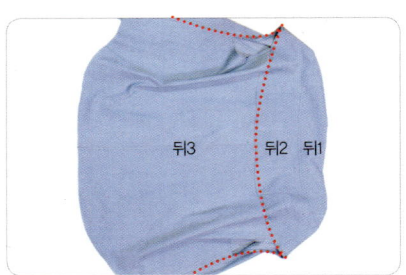

❿ 옆선-암홀-뒤 연결선을 이어서 한 번에 두 줄 상침한다.

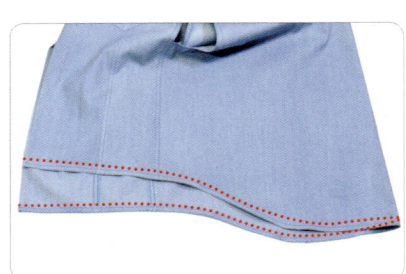

⓫ 아랫단을 오버록한 뒤 1cm를 접어 다려 두 줄 상침으로 마무리한다.

단작/카라 달고 마무리하기

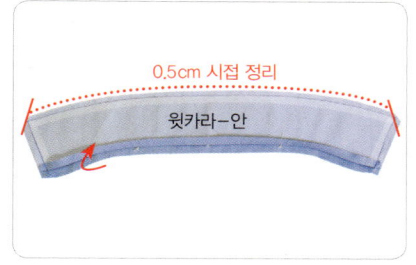

❶ 윗카라 아래 시접 1cm를 먼저 접어 다린 뒤 카라 두 장을 겉끼리 마주 대고 위-옆 세 면을 한 번에 박는다. 그런 다음, 양옆의 모서리와 윗면을 시접 정리하고 잘 뒤집어 다린다.

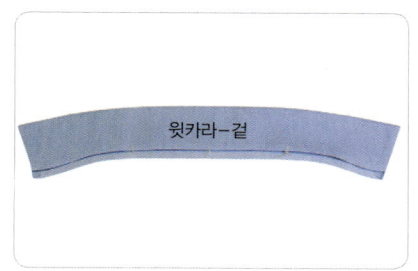

❷ 단작 아래쪽은 겉끼리 마주 대고 반을 접고 시접은 한쪽으로 접어 넘겨 1cm 시접을 박는다.

❸ 단작의 위쪽은 겉끼리 마주 대고 반을 접어 단작의 반만 박는다.

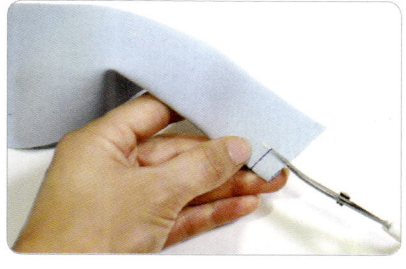

❹ 박은 선에 최대한 가까이 가윗밥을 준다.

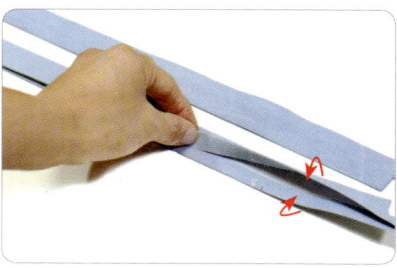

❺ 단작 시접 1cm 접어 넣어 다리고 정리한다.

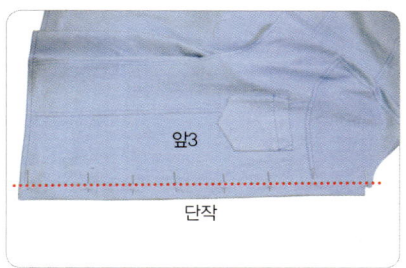

❻ 앞 중심의 1cm 시접에 맞춰 단작을 맞추고 1mm 상침 박음으로 고정한다.

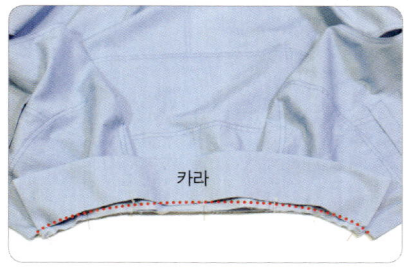

❼ 몸판 목둘레를 밑 카라 시접과 함께 박는다.

❽ 시접에 가윗밥을 준 뒤 윗카라 부분으로 시접을 감싸면서 겉으로 넘긴다.

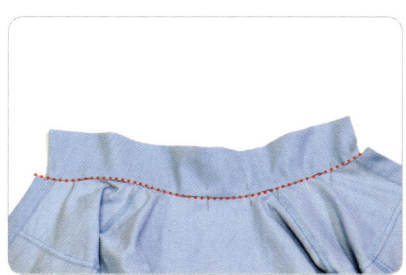

❾ 1mm 상침으로 겉 카라를 몸판에 고정한다.

❿ 앞 단작과 카라의 외곽을 2mm 상침으로 둘러 박는다.

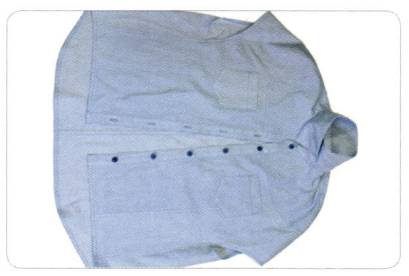

⓫ 제위치에 단춧구멍을 뚫고 단추를 달아 완성한다.

11 하이웨스트 배기 바지

View >> 26 page

추천 원단 및 부자재 소요량

* 스판린넨/청스판/폴리트윌 등 2마
* 바지용 지퍼
* 단추 2개
* 다대 테이프/실크 심지 약간

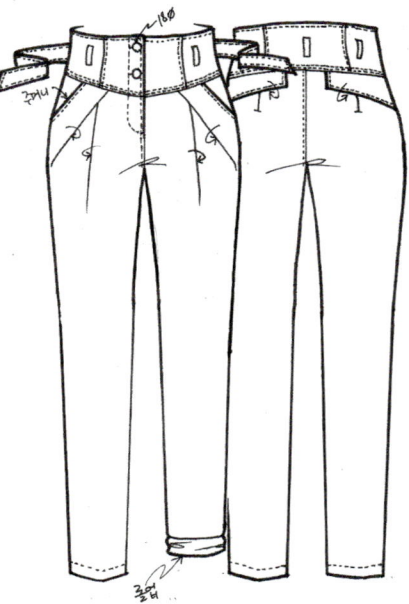

재단 실물본 4면 패턴 수록

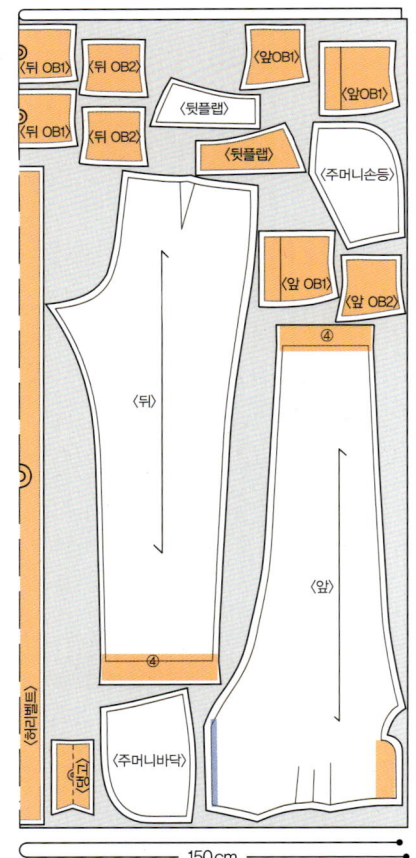

TIP

- 스판기가 약간 있는 린넨이나 청해지를 이용하면 훨씬 편안한 바지를 만들 수 있다. 주름이 잡혀 있는 배기 바지에 너무 뻣뻣한 원단을 사용하는 것은 추천하지 않는다. 여름철 반바지로 제작 시에는 무릎 위로 커팅하고 아랫단을 양옆으로 1~1.5cm씩 넓혀주면 된다.
- 재단 시 길이가 긴 허리띠를 제일 먼저 재단해두고, 나머지 재단을 해야 한다.

재단 시 참고 사항

- 1장 재단: 허리벨트(101p 참고)/댕고
- 2장 재단: 앞/뒤/주머니바닥/주머니손등/뒤 OB1
- 4장 재단: 뒤 OB2/앞 OB1/앞 OB2/뒷플랩

- 아랫단 시접: 4cm
- 기본 시접은 1cm, 그 외 시접은 표시된 숫자(단위: cm)를 확인하고 재단한다.
- 색상은 심지 작업
- 색상은 다대 테이프 작업

허리 벨트 작업하기

❶ 143×8cm의 허리띠감을 재단한 뒤 전체 심지를 붙인다.

❷ 반으로 접어준 뒤 창 구멍을 중간에 10cm 정도 남기고 끝부분에 사선으로 모양을 내어 박는다.

❸ 창 구멍으로 뒤집어 잘 다린 뒤 2mm 상침으로 둘러 마무리한다.

심지 작업하기

❶ 뒷플랩, 댕고, OB들에 전체 심지 작업을 한다. 이때 뒷플랩은 겉장 두 장에만 전체 심지한다.

❷ 앞판 주머니 입구 완성선의 안쪽에 다대 테이프를 붙이고, 앞 지퍼 부분에는 심지 작업을 한다.

앞/뒤판 정리하기

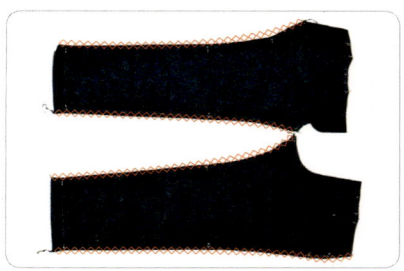

❶ 앞판, 뒤판, 옆선에 오버록한다.

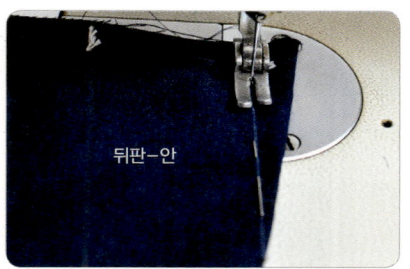

❷ 뒤판에 다트를 박는다. 이때에는 위쪽에서 아래쪽으로 박고, 마무리는 되돌아 박기를 하지 말고 손으로 묶어 매듭을 만든다.

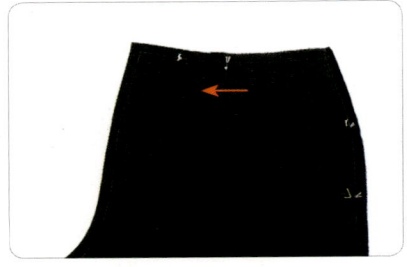

❸ 다트는 몸 중심 쪽으로 넘겨 다린다.

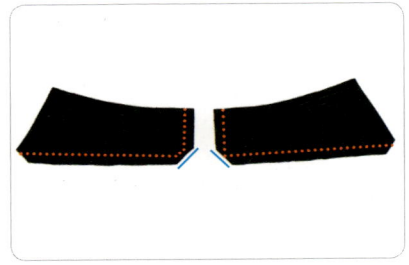

❹ 뒷플랩은 심지한 것과 안 한 것의 겉끼리 마주보게 하여 두 면을 박는다. 모서리 시접은 사선으로 자른다.

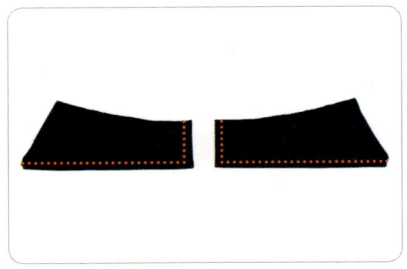

❺ 뒤집어 다려 5mm 상침으로 마무리한다. 이때, 전체 심지한 부분이 위로 오는 플랩이다.

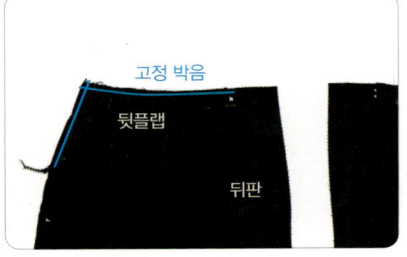

❻ 뒤판에 플랩을 배치하고 고정 박음질한다. 옆선은 플랩 부분에 오버록한다.

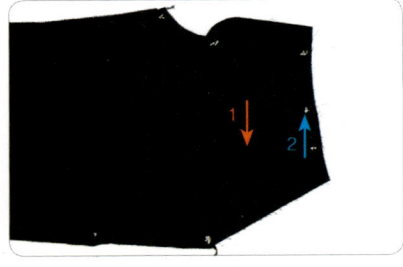

❼ 앞판의 주름을 잡아 고정 박음질한다.

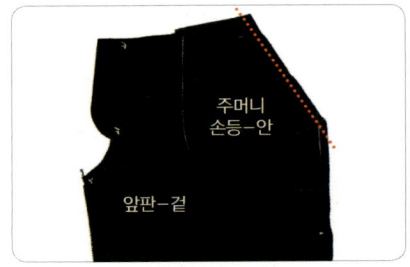

❽ 주머니 손등 부분을 앞판과 겉끼리 마주 대고 박는다.

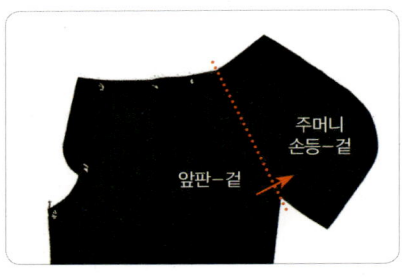

❾ 시접을 주머니 쪽으로 넘겨 2mm 상침으로 주머니 쪽에서 보강 박음질하고 넘겨준다.

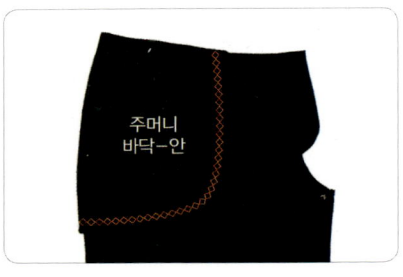

❿ 주머니 바닥을 겉끼리 마주 대고 주머니끼리 박은 뒤 오버록한다.

⓫ 주머니 부분의 옆선에 오버록한다.

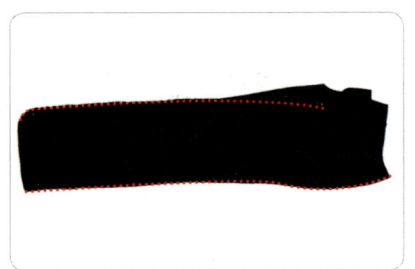

⓬ 앞판과 뒤판의 겉끼리 마주 댄 뒤 옆선을 박고 가름솔로 다려 놓는다.

지퍼 달기

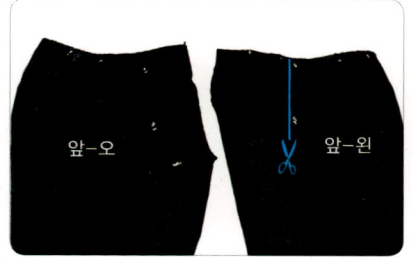

❶ 앞판 왼쪽 조각의 앞 중심 부분을 일자로 자른 뒤 밑위 부분을 오버록한다.

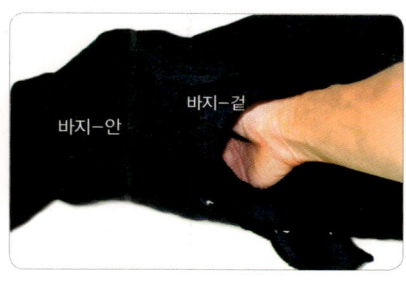

❷ 바지통 한쪽을 뒤집어 겉끼리 마주보도록 겹쳐 넣는다.

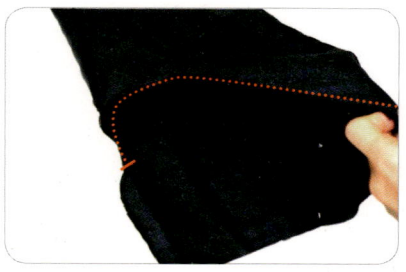

❸ 바지의 밑위가 잘 겹쳐지도록 포갠 뒤 지퍼가 달릴 위치까지 박는다.

❹ 뒤쪽 시접을 가른다.

❺ 갈라준 시접 중 몸 쪽으로 향한 시접과 바지 몸판을 1mm 정도 두께로 최대한 얇게 다시 한 번 둘러 박는다. 이렇게 하면 시접 정리가 되어 편안하고, 박음질이 튼튼하게 되어 움직일 때 엉덩이 부분이 터질 일이 없다.

❻ 앞 왼쪽은 시접을 0.5cm로 접어 다린다.

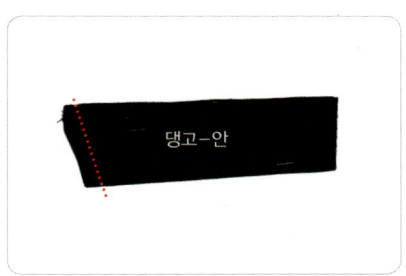

❼ 댕고를 반으로 접어 아래 사선 부분을 박는다.

❽ 댕고를 뒤집어 잘 다린 뒤 옆선을 오버록으로 합봉한다.

❾ 앞판 왼쪽에 지퍼를 잘 고정하고, 외노루발을 이용하여 2mm 상침으로 고정한다.

  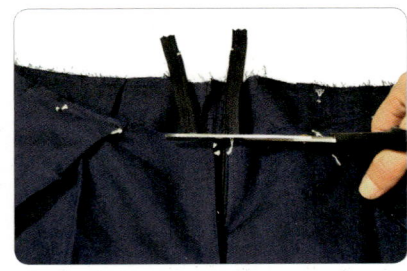

❿ 지퍼를 올리고 앞 여밈을 잘 정리하여 시침 핀으로 오른쪽 자락을 제자리에 고정한다.

⓫ 바지를 뒤집어 오른쪽 자락의 지퍼단을 펼치고 지퍼에 고정한다.

⓬ 위에 남은 지퍼를 잘라낸다.

⓭ 댕고를 왼쪽 자락에 있는 지퍼에 고정한다. 그런 다음, 반대편 지퍼와 함께 오른쪽 밑부분을 바텍 처리하여 고정한다.

오비 만들어 연결하기

 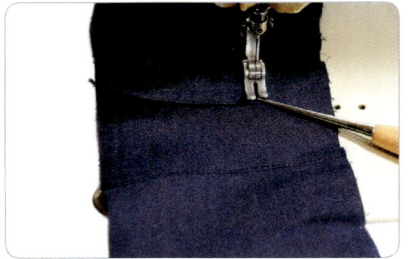 

❶ OB를 연결할 때 낸단분의 위치를 잘 확인하여 연결한다(입은 상태에서 왼쪽에 오면 된다). OB 겉단은 시접을 화살표대로 넘겨 1mm 상침한 뒤 다대 테이프를 옆-위 세 면 완성선 안쪽에 붙여준다. OB 안단은 시접을 가름솔로 다려 놓는다.

❷ 벨트 고리를 8cm 길이로 5개 만든다(63 page 참고).

❸ OB 겉단 벨트 고리 위치에 안쪽이 닿게 맞춰 0.3cm로 박은 뒤 반대로 넘겨 0.5cm로 박는다.

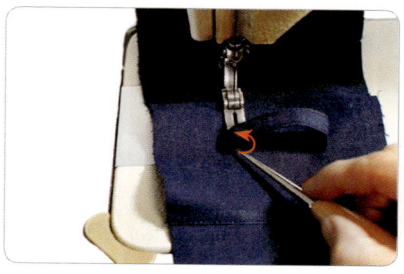
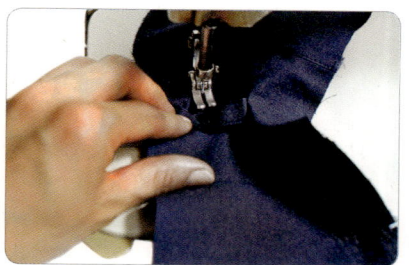

❹ 반대쪽 또한 먼저 안쪽이 닿도록 하여 같은 방법으로 박은 뒤 겉이 닿도록 넘겨 깔끔하게 마무리한다.

❺ OB에 벨트 고리들을 모두 위치에 맞게 단다.

❻ OB 겉단의 아랫면을 1cm 접어 올려 다린 뒤 겉단과 안단을 겉끼리 마주 대고 옆-윗면을 박는다. 그런 다음, 모서리 시접을 사선으로 잘라내고 뒤집어 정리한다.

❼ 바지 허리단 안쪽과 OB 안단의 겉면을 너치에 맞춰 잘 맞대고 둘러 박는다.

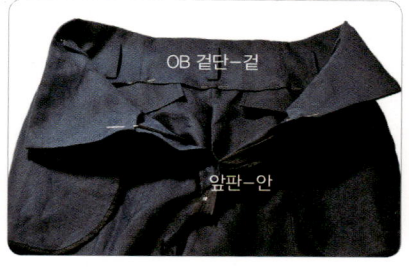

❽ OB 겉단으로 시접을 감싸면서 바지 겉쪽으로 넘겨와 잘 정리한다.

❾ 1mm 상침으로 OB 전체를 잘 둘러 고정한 뒤 허리 이음새 부분에 5mm 간격 상침을 한 번 더하여 두 줄 상침을 한다.

❿ 지퍼단 모양을 초크로 그려주고 상침으로 지퍼단을 마무리한다. 단춧구멍을 제위치에 뚫어주고 단추를 단다.

⓫ 바지 밑단은 2cm씩 두 번 접어 다려 상침으로 마무리한다.

12 셔츠 원피스

View >> 28 page

추천 원단 및 부자재 소요량

* 청해지/린넨/30수 면트윌/2~30수 TR 원단 2마
* 11~13mm 단추 17개
* 다대 테이프/실크 심지 약간

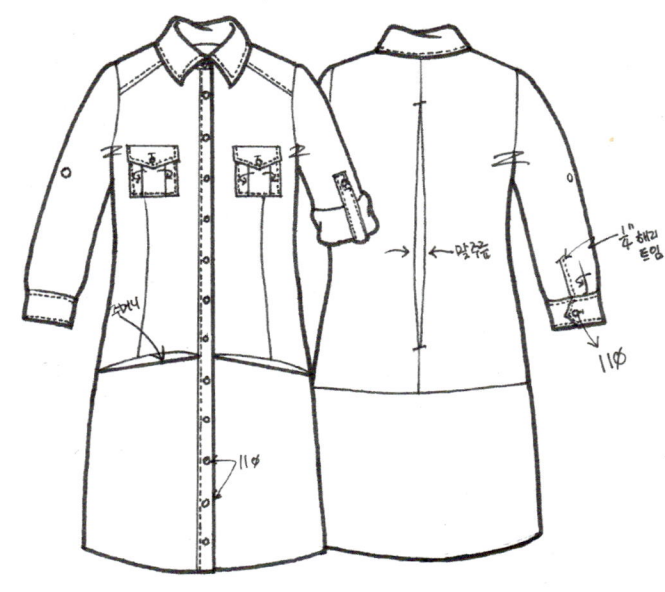

재단 실물본 5면 패턴 수록

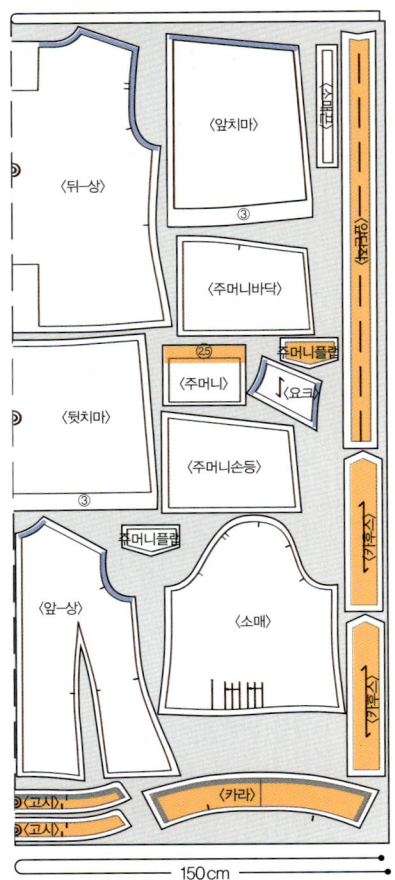

TIP

- 린넨으로 만들면 자연스러운 주름이 멋있지만, 주름이 싫다면 TR 원단 등으로 만들면 된다.
- 너무 얇은 원단은 어울리지 않으므로 여름에는 모달이나 텐셀, 레이온 등이 혼방된 30수 정도로 만드는 게 시원하다. 상침사는 따로 사지 말고 고급 코아사를 이용한다.

재단 시 참고 사항

- 1장 재단: 뒤-상/뒤-치마
- 2장 재단: 앞-상/앞-치마/소매/주머니바닥/주머니손등/주머니/요크/소매끈/앞단작/고시/카라
- 4장 재단: 주머니플랩/카후스

- 치마 아랫단 시접: 3cm/주머니 위 시접: 2.5cm
- 기본 시접은 1cm, 그 외 시접은 표시된 숫자(단위: cm)를 확인하고 재단한다.
- ■ 색상은 심지 작업
- ■ 색상은 다대 테이프 작업

심지 작업하기

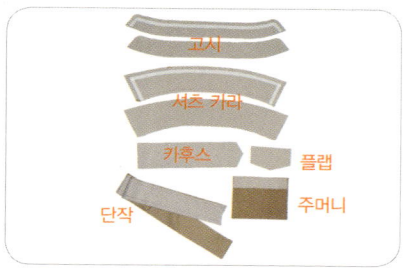

❶ 고시, 셔츠 카라, 카후스, 단작은 모두 전체 심지한다. 플랩은 네 장 재단하고 두 장에 전체 심지한다. 고시와 셔츠 카라 한 장에는 다대 테이프를 붙이고, 주머니 윗부분에 3cm 두께로 심지 작업을 한다.

❷ 앞치마 위쪽 입구 부분에 다대 테이프를 붙인다.

❸ 뒤 몸판 어깨와 암홀 부분에 다대 테이프를 붙인다.

주머니, 카라 미리 만들기

❶ 주머니 주름을 다리고, 4면 모두 오버록한다.

❷ 윗면을 2.5cm 접고 2cm 위치에 두 줄 상침 한 뒤 옆-아래 세 면을 1cm 접어 다린다.

❸ 주머니 2개를 모두 작업해 놓는다.

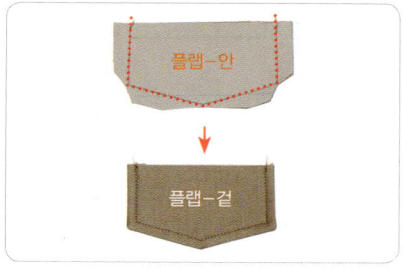

❹ 플랩을 심지 작업을 한 것과 안 한 것의 겉 끼리 마주 대고 박은 뒤 뒤집어 0.5cm 상 침한다.

❺ 단춧구멍을 내놓는다.

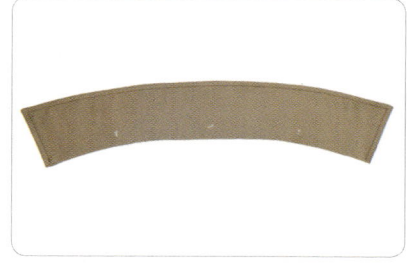

❻ 카라를 만들어 0.5cm 상침을 두른다(99 page 카라 만들기 참고). 이때 고시가 있으 므로 아랫단을 접어 다리지 않고 만들어 둔다.

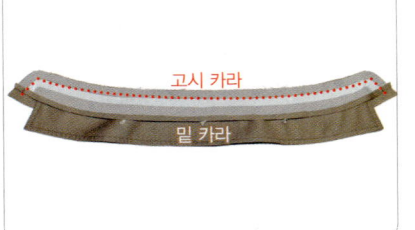
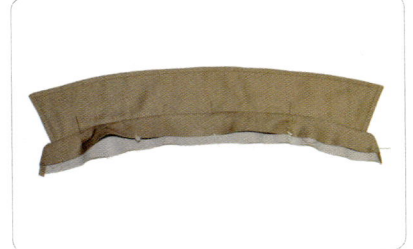

❼ 카라와 고시를 이어준다. 이때 다대 테이프를 붙이지 않은 밑 카라가 다대 테이프를 붙여둔 겉 고시 카라와 만나게 하면 된다. 겉 고시 카라는 사진처럼 1cm 밑면 시접을 접어 놓고 박는다.

❽ 시접을 0.5cm로 잘라 정리한 뒤 뒤집어 다려 놓는다.

앞/뒤 몸판 작업하기

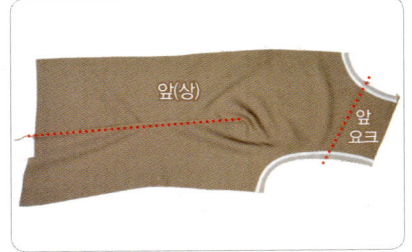
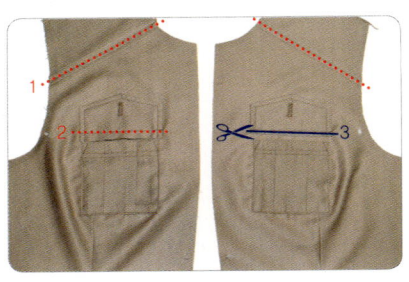
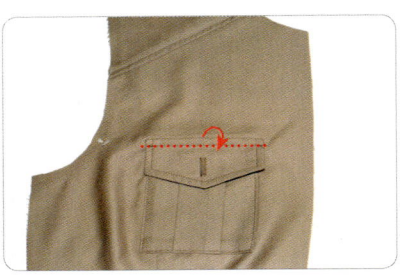

❶ 앞 다트를 박은 뒤 오버록하면서 시접을 0.5cm로 정리하고, 몸 중심 쪽으로 시접을 넘겨 다린다.
요크를 연결한 뒤 오버록하여 위쪽으로 시접을 올려 다리고 어깨 부분을 오버록하여 마감한다. 암홀과 목둘레에 다대 테이프를 붙여준다.

❷ 앞 요크 부분을 두 줄 상침한 뒤 주머니 위치에 박는다.(97page 참고) 플랩을 위로 향하게 배치하고 박은 뒤 플랩의 시접을 0.4cm로 잘라낸다.

❸ 플랩을 아래로 내린 뒤 0.5cm 상침으로 눌러 박고 마무리한다.

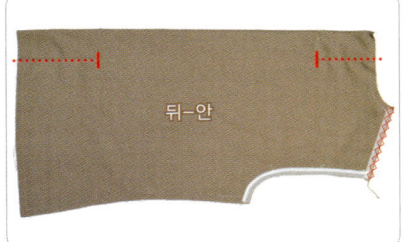
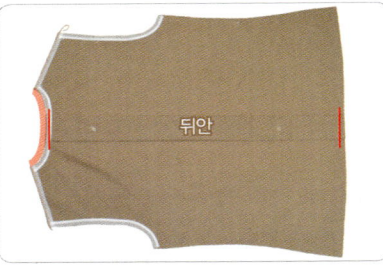
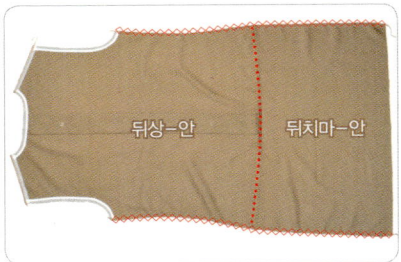

❹ 어깨 부분을 오버록한 뒤 뒤판 중심을 기준으로 반으로 접어 주름분을 박는다.

❺ 박은 부분을 중심에 두고 맞주름을 만든 뒤 위-아래 고정 박음질을 한다. 목둘레에 다대(또는 암홀) 테이프를 붙인다.

❻ 뒤판과 뒤치마를 연결한 뒤 오버록하고 시접 위로 올려 다린다. 뒤판 양옆 선을 오버록하여 정리한다.

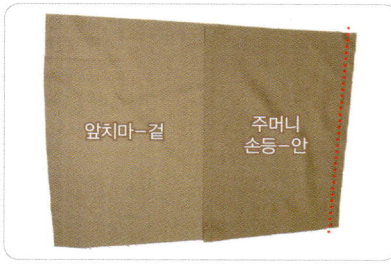

❼ 앞치마 윗면에 주머니 손등 부분을 겉끼리 마주 대고 박아 오버록한다.

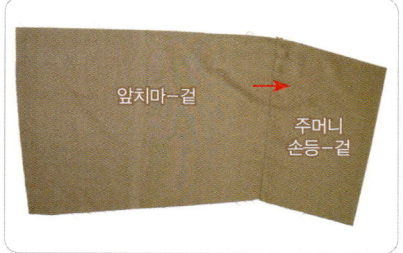

❽ 시접을 주머니 손등 쪽으로 올려 다린 뒤 2mm 상침으로 보강 박음질한다.

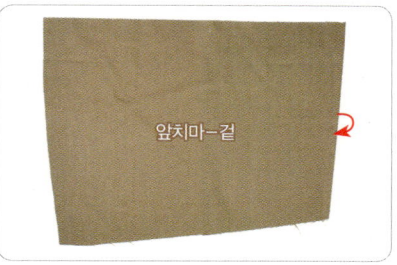

❾ 주머니 부분을 뒤로 넘겨 다린다.

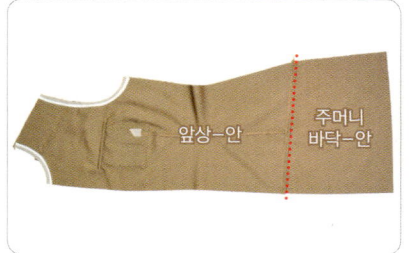

❿ 앞 몸판에 주머니 바닥 부분을 연결하고 오버록하여 시접 위로 올려 다린다.

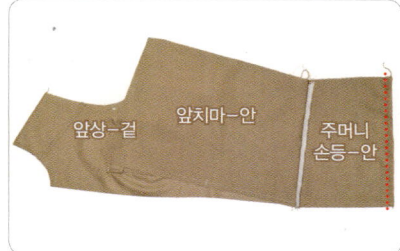

⓫ 주머니 바닥과 주머니 손등의 아랫부분을 겉끼리 마주 대고 박아 오버록한다.

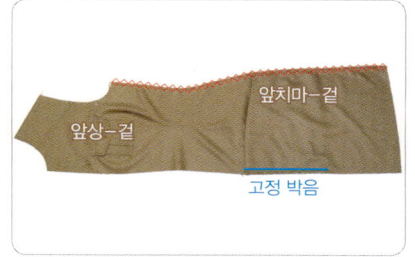

⓬ 치마 부분을 내린 뒤 정리하여 다려주고 옆선은 오버록, 앞 중심 쪽은 고정 박음질을 한다.

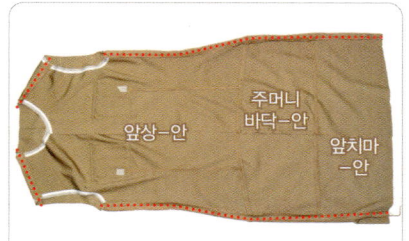

⓭ 앞-뒤판 어깨와 옆선을 연결하고, 시접 가름솔로 다려 놓는다.

소매 만들기

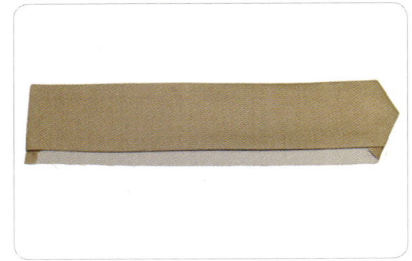

❶ 겉으로 나오는 카후스 밑단을 미리 접어 다려 겉끼리 마주 대고 옆-윗면을 박는다. 그런 다음, 모서리들을 사선으로 잘라내어 시접을 정리한다.

❷ 뒤집어 다린다.

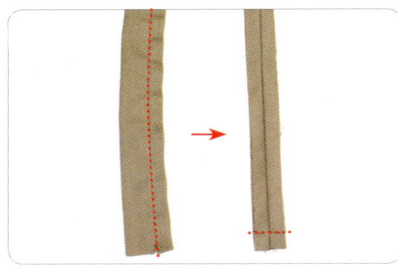
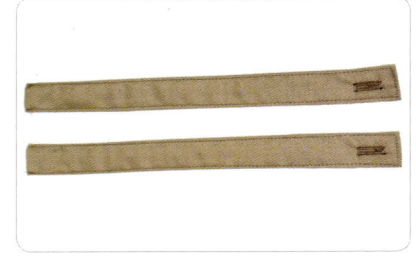

❸ 소매 고정 끈은 세로로 박은 뒤 가름솔로 갈라 한쪽 끝을 박는다. 뒤집어 다린 뒤 외곽 2mm 상침으로 둘러주고 단츳구멍을 내준다.

❹ 다른 한쪽 끝은 5mm씩 두 번 접어 박아 마감한다.

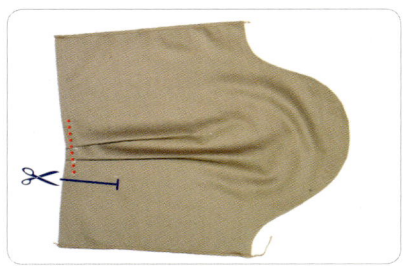
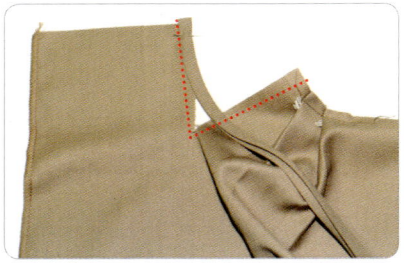

❺ 소매 양옆을 오버록하고 주름은 미리 접어 고정 박음질한 뒤 갈라지는 부분을 자른다.

❻ 바이어스 테이프를 6mm 두께로 만든 뒤 잘라낸 면에 박는다. 이때 갈라지는 끝부분은 송곳으로 끝에 걸치게 하여 박으면 된다.

❼ 바이어스가 찝히지 않도록 잘 달렸으면, 반으로 접은 뒤 소매 안쪽에서 바이어스 모서리를 박는다.

❽ 소매 끈 위치에 소매 끈을 잘 달고(7mm 정도만 박아 고정한다), 소매통을 연결하여 가름솔로 다려 놓는다.

❾ 주름 옆쪽에 위치한 바이어스를 소매 안쪽으로 접고 잘 다린다.

❿ 카후스를 소매 안쪽과 마주 대고 박는다.

⓫ 카후스의 미리 접은 부분을 소매 겉쪽으로 넘겨와 시접을 잘 감싸 정리해준 뒤 전체적으로 1mm 상침을 둘러 카후스를 마감 처리한다.

카라/소매 달고 완성하기

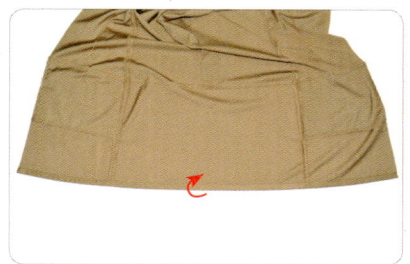

❶ 몸판 아랫단 1cm와 2cm로 두 번 접어 다려 상침으로 마무리한다.

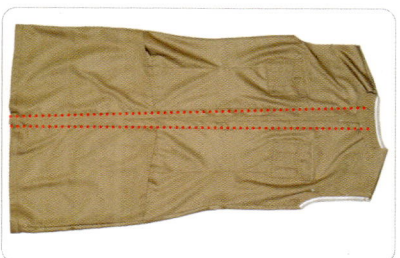

❷ 앞 단작을 단다(99page 오버핏 유니크 셔츠 참고 : ❸❹번 과정은 제외하고 참고할 것!)

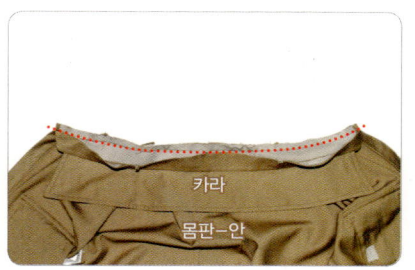

❸ 몸판 안쪽에 너치를 잘 맞춰 카라를 단다.

❹ 카라를 넘겨와서 고시 카라에 1mm 상침으로 둘러 박아 마무리한다.

❺ 소매를 단다(62page 이새 처리하여 소매 달기 참고).

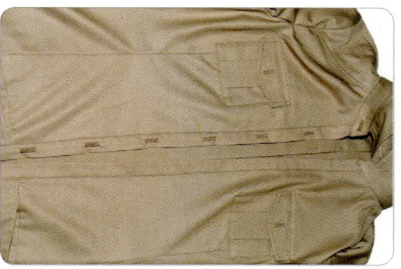

❻ 단춧구멍을 내고 단추를 달아 완성한다.

13 스탠드 카라 드롭 숄더 티셔츠

View >> 30 page

추천 원단 및 부자재 소요량

* 네오플랜/톡톡한 분또 몸판, 배색 각 1마

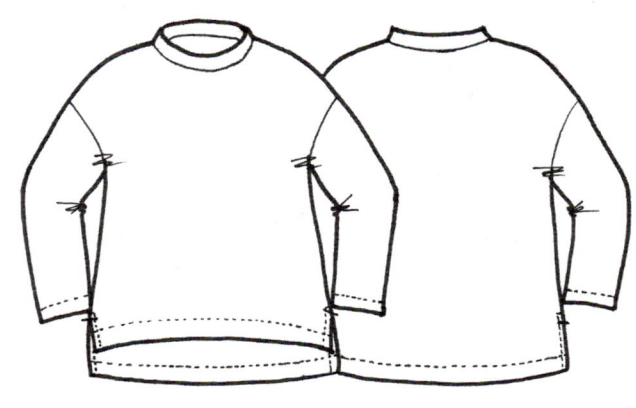

재단 실물본 3면 패턴 수록

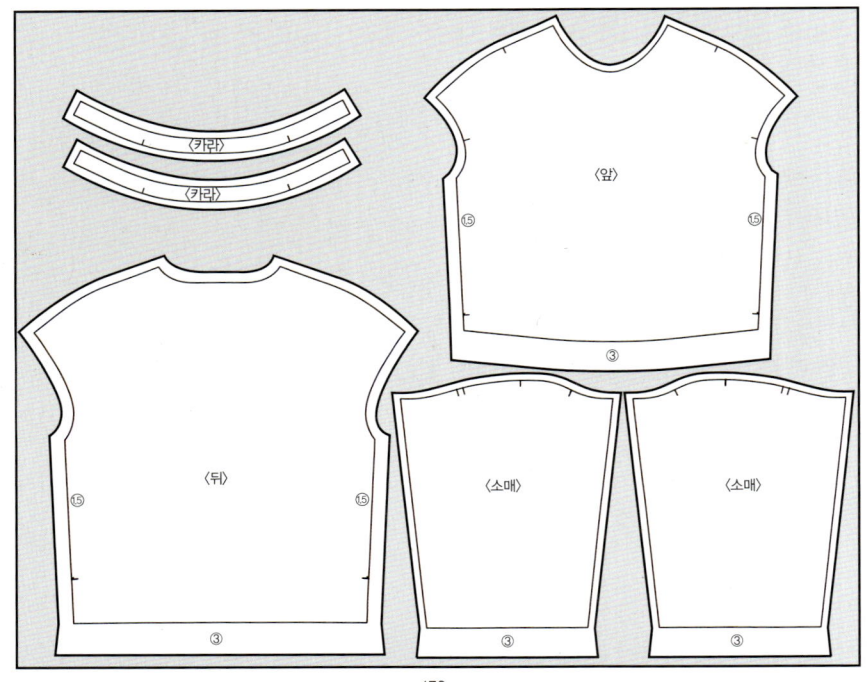

TIP

- 이러한 디자인은 톡톡한 원단으로 만들어 패턴의 실루엣을 살리는 것이 좋다.
- 원단에 패턴이 들어가 있는 것도 좋고, 배색을 주어 무늬 없는 원단으로 만들어도 색다르게 연출할 수 있다.
- 니트 원단으로 제작 시 카라는 패턴을 이용하지 말고 시보리처럼 달아주면 된다.

재단 시 참고 사항

- 1장 재단: 앞/뒤
- 2장 재단: 소매/카라

- 몸판 옆선 시접: 1.5cm /몸판 아랫단 시접: 3cm/소매단 시접: 3cm
- 기본 시접은 1cm, 그 외 시접은 표시된 숫자(단위: cm)를 확인하고 재단한다.

티셔츠 만들기

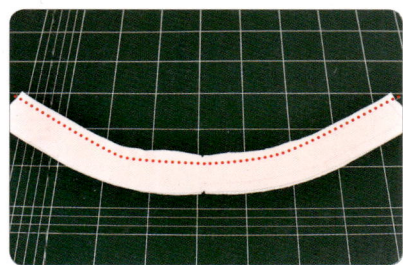

❶ 카라 두 장을 맞대고 윗부분을 박는다.

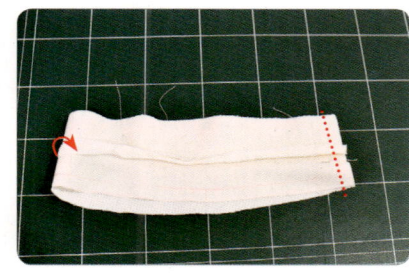

❷ 박은 선을 펼치고 겉 카라 부분의 밑단을 1cm 접어 다린 뒤 접힌 상태에서 박아 원통형을 만든다.

❸ 소매와 몸판 옆선 모두 오버록한다.

❹ 앞-뒤 어깨선을 연결한 뒤 소매를 달고 몸통과 소매를 한 번에 박아 티셔츠의 몸판을 만든다(85page 슬림핏 앞단추 티셔츠 몸판 연결하기 참고). 이때 몸판 옆선은 트임 표시가 있는 부분까지만 박는다.

❺ 만들어둔 카라를 몸판 안쪽에 먼저 박아준다. 이때 카라의 박음질 선이 뒤로 가게 한다.

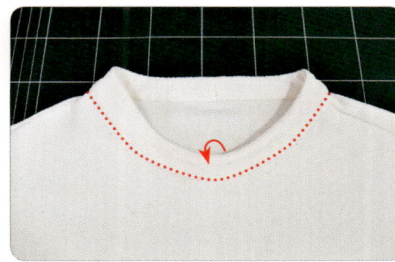

❻ 카라로 시접을 감싸면서 겉쪽으로 넘겨와 2mm 상침으로 카라를 마무리한다.

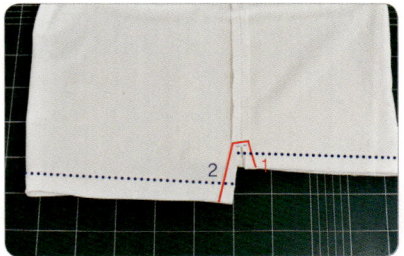

❼ 옆선 시접은 가름솔로 갈라준 뒤 1cm 상침으로 ㄷ자로 박아 트임을 만들고 아랫단을 1cm 접고 2cm로 두 번 접어 다려 상침으로 마무리한다.

14 언밸런스 트럼펫 스커트

View >> 32 page

추천 원단 및 부자재 소요량

* 트윌원단/모직 등 스커트용 직기 1마
* (견 또는 폴리 다후라) 안감 반 마
* 큰솔지퍼 1개
* 겉고리 1쌍

재단 실물본 5면 패턴 수록

〈겉감〉

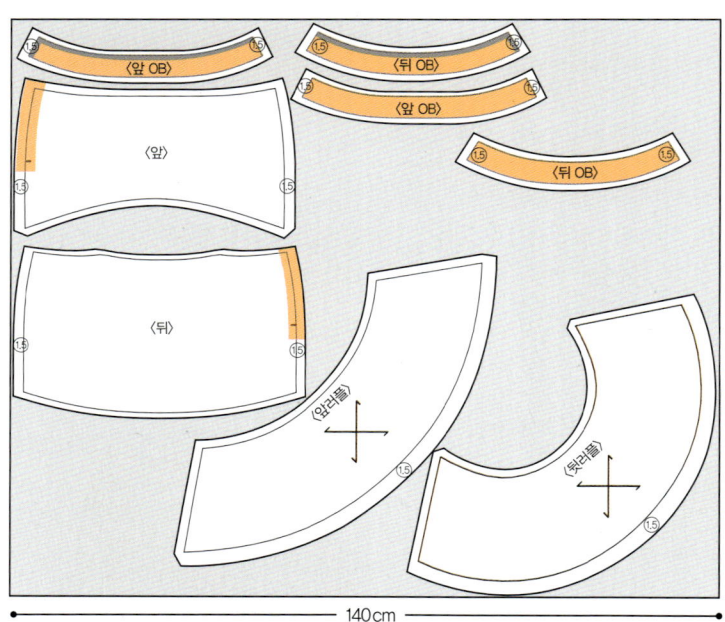

TIP

- 힘이 있는 원단으로 만들면 아래 페플럼 라인이 살아 유행하는 스타일로 만들 수 있는 디자인이다. 패턴에 제시된 길이는 무릎 위 라인이지만, 페플럼의 길이에 따라 드레시한 느낌을 살릴 수 있으므로 길이를 달리 하여 만들어 보는 것도 좋다.
- OB 부분 전체 심지 작업 시 먼저 심지를 붙이고 나중에 재단하면 된다.

재단 시 참고 사항

- 1장 재단: 겉감-앞/겉감-뒤/안감-앞/안감-뒤/앞러플/뒷러플
- 2장 재단: 뒤 OB/앞 OB

〈안감〉

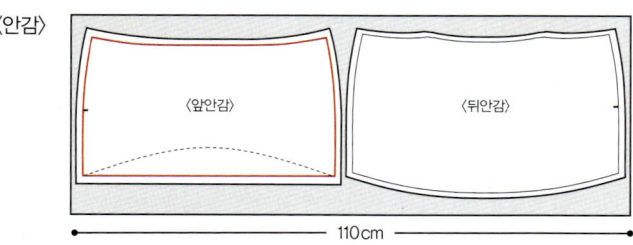

- 몸판 옆선 시접: 1.5cm/페플럼 아랫단 시접: 1.5cm
- 기본 시접은 1cm, 그 외 시접은 표시된 숫자(단위: cm)를 확인하고 재단한다.
- 색상은 심지 작업
- 색상은 다대 테이프 작업

심지 작업하기

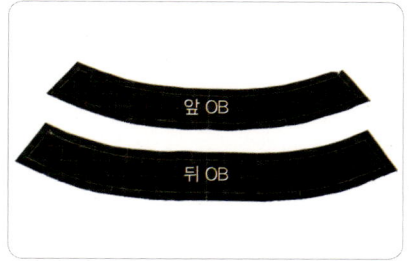

❶ 앞-뒤 오비 전체 심지 작업을 한다.

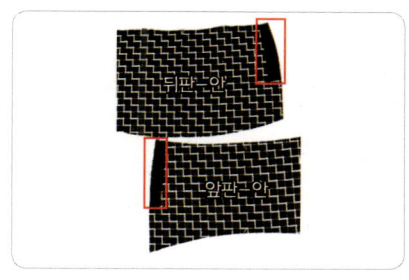

❷ 앞-뒤판을 입어서 왼쪽 지퍼 라인에 2cm 두께로 심지를 붙여둔다.

안감 재단하기

뒤판은 패턴 그대로 재단하고 앞판은 앞 아래 부분을 일자로 정리하여 재단한다. 이때 안감의 프릴 부분은 재단하지 않는다. 안감 아랫단 시접은 2cm로 준다.

겉감 작업하기

❶ OB를 연결하여 가름솔로 다리고, 겉 OB는 옆-위 3면에 완성선 안쪽 다대 테이프를 붙인다.

❷ 치마 앞-뒤판의 왼쪽 지퍼 위치에 2cm 정도 두께의 심지를 붙인 뒤 치마와 프릴 부분 양옆을 오버록으로 마감한다.

❸ 안감, 겉감은 각각 다트를 박아 몸 중앙으로 시접을 넘기고, 옆선은 박아 가름솔로 다린다. 이때 안감과 겉감의 왼쪽 지퍼 부분은 지퍼가 달리는 끝부분까지만 박는다.

④ 치마와 〈OB-겉〉의 허리둘레를 연결한다 (다대 테이프가 붙어 있는 OB인지 확인한 뒤에 연결한다).

⑤ 프릴의 옆선끼리 연결하여 원통형을 만든 뒤 만들어둔 치마의 윗부분과 연결한다. 연결 시접은 오버록하여 마무리한다.

안감 연결하기

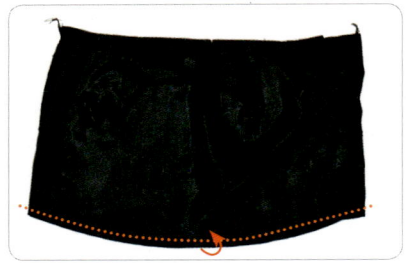 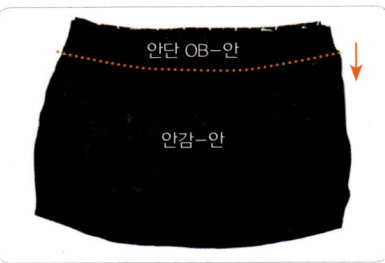 

① 다트를 박고 옆선을 박은 안감의 밑단을 1cm씩 두 번 접어 다린 뒤 상침으로 마감한다.

② 안감에 OB를 연결하고, 시접은 아래로 향하게 다린다.

③ 안감과 겉감의 겉끼리 마주 대고, 안단의 위쪽 지퍼 트임 부분부터 4cm를 남기고 허리둘레를 박는다.

 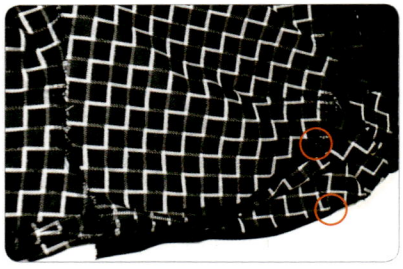 

④ 콘솔 지퍼를 다려서 펴준 뒤 한쪽을 외노루발을 이용하여 달아준다(95page 콘솔 지퍼 달기 참고).

⑤ 맞은편 지퍼도 OB단 너치에 맞춰 잘 달아준다.

⑥ 지퍼를 단 시접을 안감 쪽으로 접어준 뒤 남겨두었던 허리둘레 4cm를 박아준다.

❼ 시접을 정리하고 뒤집으면 콘솔 지퍼 안감 쪽이 사진처럼 깔끔하게 처리된 것을 볼 수 있다.

❽ OB 아래쪽의 박음질 선에 맞춰 상침으로 박고, 러플 아랫단을 오버록한 뒤 접어 다려 상침하여 마무리한다.

❾ 걸고리를 단다.

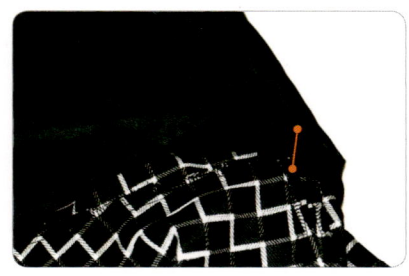

❿ 안감과 겉감의 양옆 선 시접 부분을 실고리를 이용하여 고정한다(64page 실루프 만드는 방법 참고).

15 드롭 숄더 울니트

View >> 34page

추천 원단 및 부자재 소요량

* 울니트 원단 2마
* 장식용 단추 3개

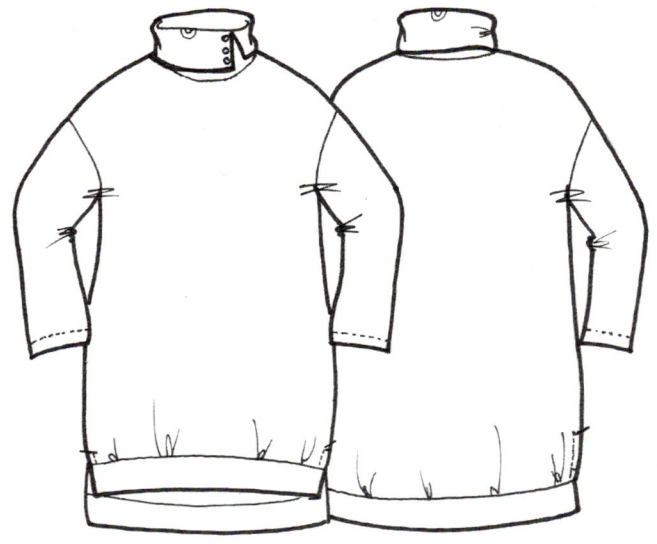

재단 13 스탠드 카라 드롭 숄더 티셔츠 패턴 사용(실물본 3면)

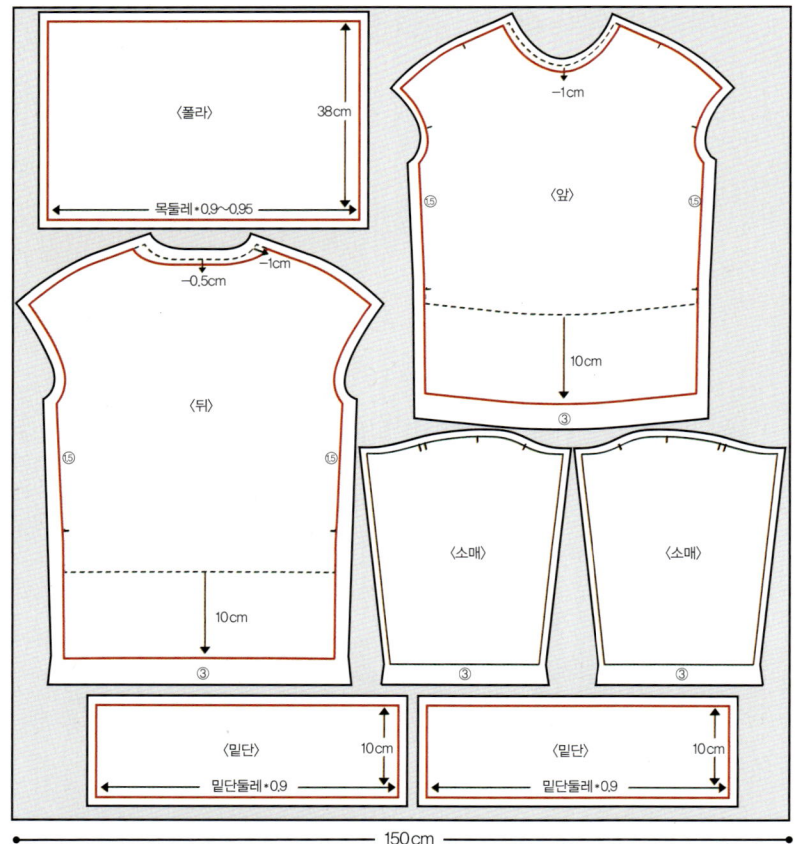

TIP
- 니트류는 재단하고 바로 제작을 하거나 오버록을 해 놓아야 한다.
- 울이 들어간 원단은 따뜻한 물로 세탁을 하거나 스팀 다림질을 하면 원단이 줄어든다. 중성세제를 이용하여 찬물에 살살 흔들어 빨거나 드라이를 한다.

재단 시 참고 사항
- 1장 재단: 폴라/앞/뒤
- 2장 재단: 소매/밑단

- 몸판 옆선 시접: 1.5cm/몸판 아랫단 시접: 3cm/소매단 시접: 3cm
- 기본 시접은 1cm, 그 외 시접은 표시된 숫자(단위: cm)를 확인하고 재단한다.
- 폴라/밑단을 추가로 재단한다.

트임 목폴라 만들기

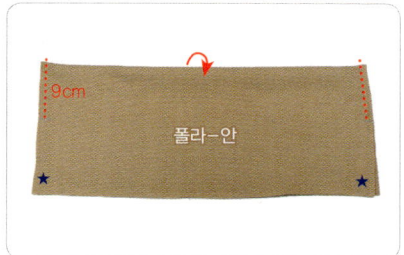

❶ 폴라를 먼저 가로로 접어 양옆 9cm 길이만 박는다.

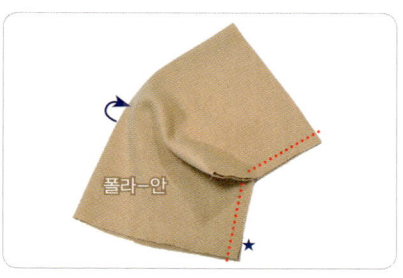

❷ 별표끼리 만나도록 세로로 펴서 접어 박아 원통형을 만든다.

❸ 겉이 나오도록 뒤집어 폴라를 정리한다.

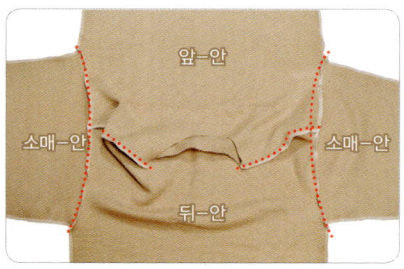

❹ 몸판의 앞-뒤 어깨를 연결한 뒤 소매를 단다.

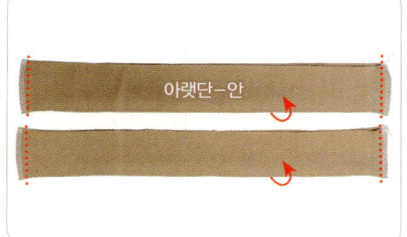

❺ 아랫단의 겉끼리 마주보게 반으로 접어 양옆을 박고 뒤집어 모양을 잡는다.

❻ 몸판 아랫부분에 만들어둔 아랫단을 양옆 시접분을 남기고 박은 뒤 시접을 위로 향하게 하여 다린다.

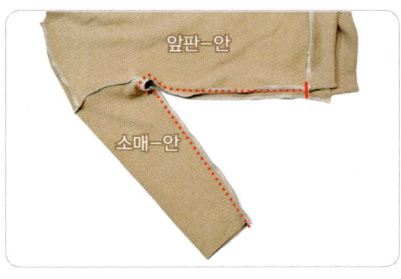

❼ 소매 기준으로 몸통을 반으로 접어 옆선-소매선을 한 번에 박는다. 가름솔로 시접을 가르고, 아랫단의 시접을 감싸 정리한다.

❽ 옆트임 부분을 상침으로 ㄷ자 박음질한다.

❾ 소매 아랫단은 1cm와, 2cm로 접어(두 번 접기) 박아 완성한다.

16 레이스 팬슬 스커트

View >> 36 page

추천 원단 및 부자재 소요량

* 레이스 원단/싱글 다이마루 1마
* 안감 30수 싱글 반 마
* 3cm 두께 허리 고무줄

재단
14 언밸런스 트럼펫 스커트 패턴 사용(실물본 5면)

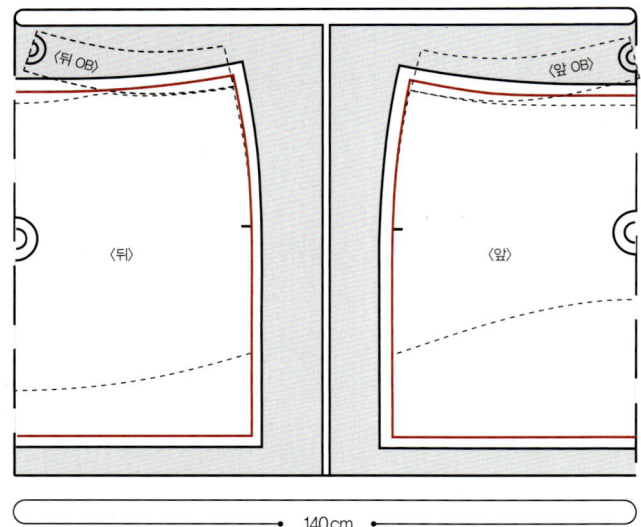

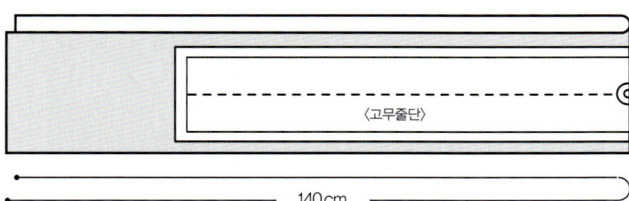

TIP
- 다이마루용 팬슬 스커트를 만들 때 유용하게 쓸 수 있는 패턴 변형이다.
- 어떤 원단으로 만들어도 좋다. 기모쭈리나 누빔 원단으로 만들면 한겨울 외출복으로 손색이 없으며, 여름에는 레이스 원단이나 텐셀 다이마루로 만들면 입을 때마다 시원해서 좋다.
- 직기 원단으로 만들 때는 골선을 줄이지 말고 트럼펫 스커트 만드는 방법을 참고하여 콘솔 지퍼를 달아 만들어주면 된다.

재단 시 참고 사항
- 1장 재단: 앞/뒤/고무줄단

- 몸판 옆선 시접: 1cm
- 기본 시접은 1cm, 그 외 시접은 표시된 숫자(단위: cm)를 확인하고 재단한다.
- 오버록으로 작업 시에는 전체 시접을 0.7cm로 주고 4색실 오버록으로 세팅한다.

패턴 배치 방법

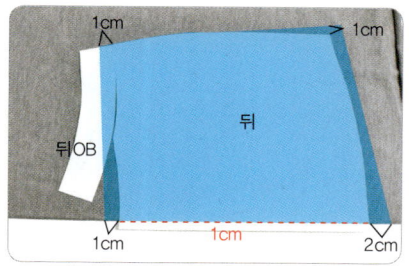

다이마루용이므로 앞/뒤판 골선에서 1cm 줄여준다. 패턴의 OB 부분 1cm만 연장하고 양옆은 밑단 쪽 1cm 넓히며, 길이는 원하는 만큼 늘리면 된다. 레이스처럼 비치는 원단으로 좀 길게 겉감을 작업할 때는 안감을 조금 짧게 작업하면 경쾌한 느낌이 난다.

허리 고무단 재단하기

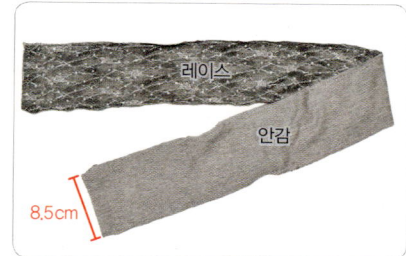

고무단은 허리 너비의 90%, 높이는 8.5cm로 재단한다. 레이스 원단으로 할 때에는 비치므로 레이스와 안감을 사진처럼 겹쳐서 외곽에 고정 박음질한다.

30분만에 스커트 만들기

❶ 옆선을 연결하고 안감은 밑단을 접어 다려 박아 마무리한다. 겉감의 경우, 올이 안 풀리는 레이스 원단은 밑단 처리를 따로 하지 않아도 된다.

❷ 안감과 겉감의 겉끼리 마주 대고 허리 부분을 고정 박음질로 박는다.

❸ 허리 고무줄단을 연결하고 오버록하여 마무리한다(77page 트랙팬츠 허리단 연결 방법 참고).

17 로우웨스트 프릴 원피스

View >> 38 page

추천 원단 및 부자재 소요량

* 쿨맥스/20수 싱글/양면/분또 등의 다이마루 1마 반
* 배색용 인조가죽 약간

재단 05 슬림핏 앞단추 티셔츠 패턴 사용(실물본 2면)

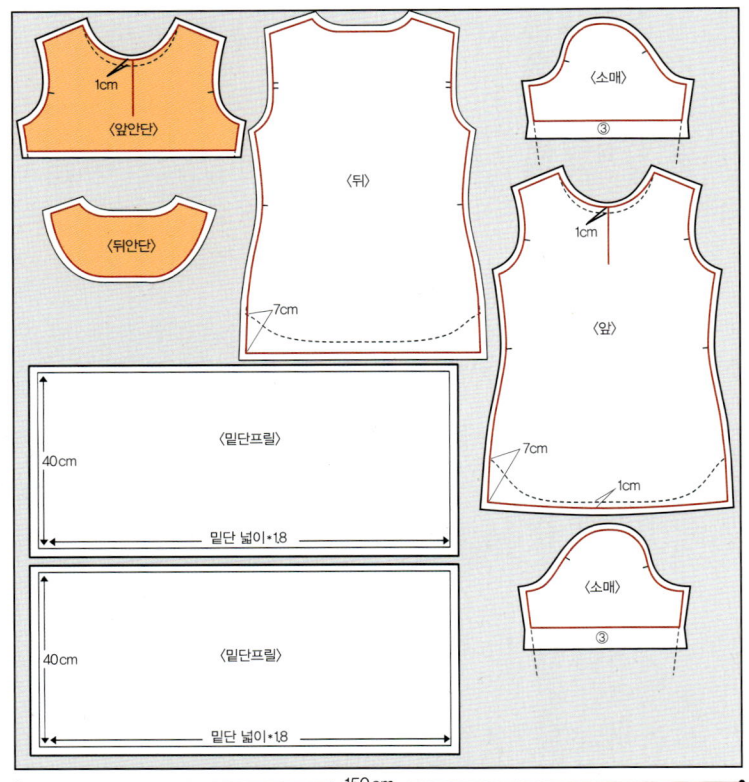

TIP

- 축 처지는 원단만 아니라면 다이마루 중 어떤 원단으로 만들어도 좋다. 양면, 분또, 미니쭈리, 쿨맥스 등 편하게 만들어보자.
- 인조가죽이나 레이스 원단 등으로 배색을 만들어 덧대어도 멋스럽다.
- 짧은 옷이 싫다면 프릴의 길이를 임의로 길게 해도 상관없다(75p 트랙팬츠 다이마루 재단 시 유의 사항 참고).

재단 시 참고 사항

- 1장 재단: 앞/뒤/앞안단/뒤안단
- 2장 재단: 밑단프릴/소매

- 소매단 시접: 3cm
- 기본 시접은 1cm, 그 외 시접은 표시된 숫자(단위: cm)를 확인하고 재단한다.
- 색상은 심지 작업

전체 심지 작업하기

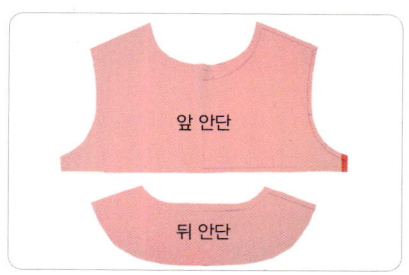

앞 안단과 뒤 안단을 전체 심지 작업한다.

몸판 만들기

❶ 앞판 오른쪽 어깨 부분에 배색할 인조가죽을 상침으로 고정한다.

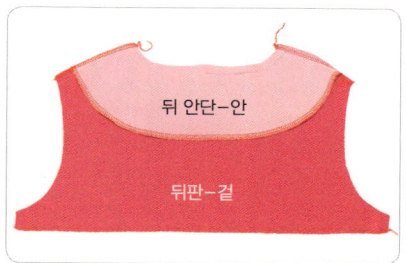

❷ 안단들의 아랫부분을 오버록으로 마감하고 어깨선을 연결한다.

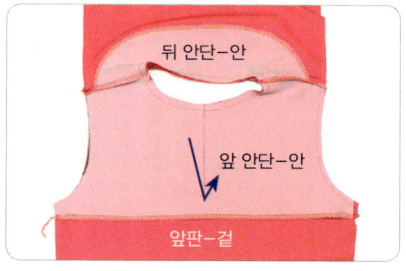

❸ 앞-뒤 겉감의 어깨선끼리 연결한 뒤 안단과 겉감을 겉끼리 마주 대고 목둘레부터 앞트임까지 한 번에 박는다.

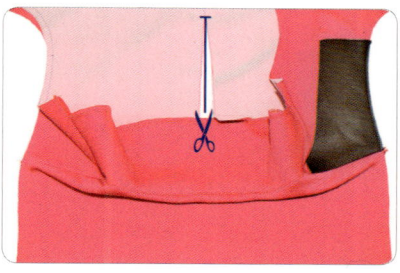

❹ 앞트임 부분을 최대한 V자 끝까지 잘라 가른다.

❺ 목둘레 곡선 시접 부분에 가윗밥을 주고 뒤집어서 잘 정리해 다린다. 다릴 때에는 스팀으로 누른다.

❻ 소매를 달고 옆선과 소매를 이어서 박아 몸판을 완성한다(85page 참고).

프릴 만들어 달아주기

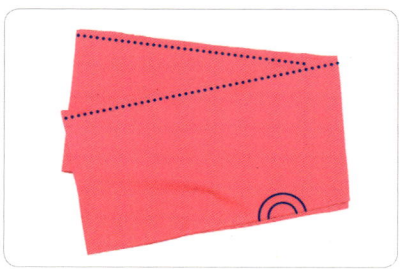

❶ 프릴을 먼저 옆선끼리 박아 원통형을 만든 뒤 가로로 접어 고정 박음질로 두 겹의 프릴을 만든다.

❷ 몸 아랫단과 프릴의 4등분을 시침질로 고정한다.

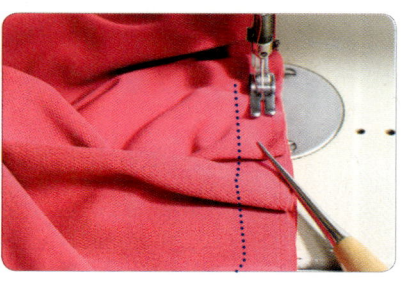

❸ 프릴 부분에서 남는 양을 송곳을 이용해 접어 넣으면서 몸판에 박는다.

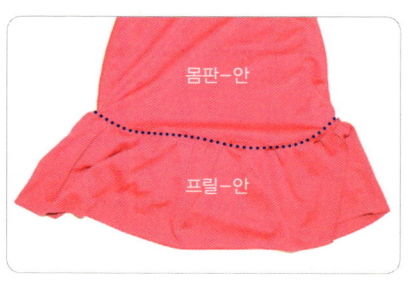

❹ 박은 시접을 오버록으로 마감한 뒤 소매단을 1.5cm씩 두 번 접어 올려 상침으로 마무리한다.

18 큐롯 팬츠

View >> 40 page

추천 원단 및 부자재 소요량

* 면 자가드/린넨/청해지/20~30수 트윌 원단 1마
* 바지 지퍼
* 18mm 단추 1개

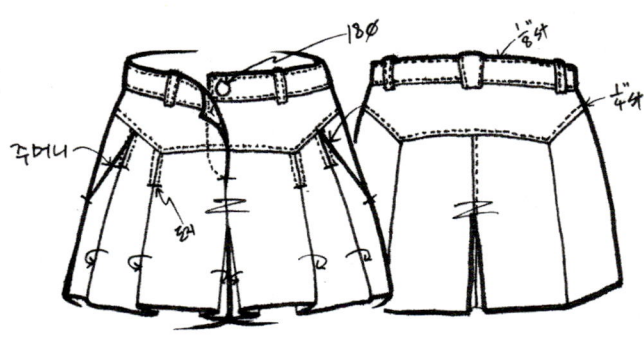

재단 실물본 2면 패턴 수록

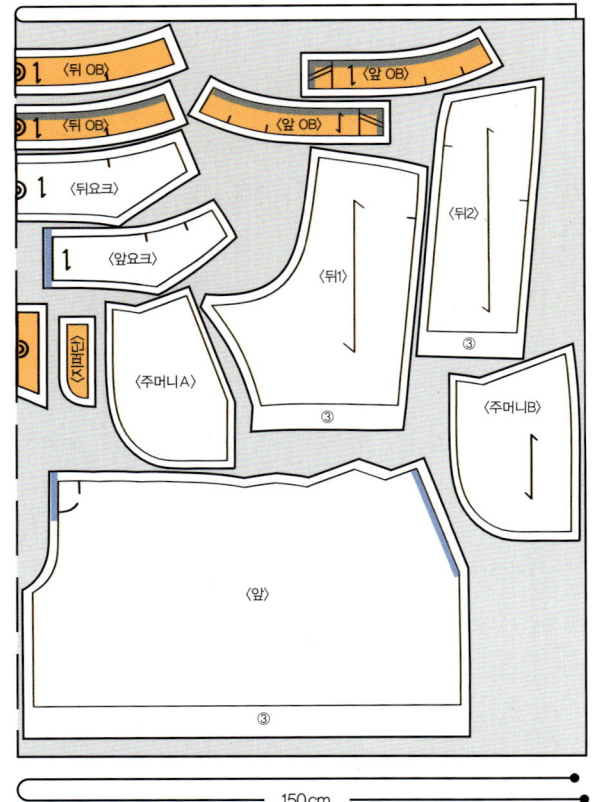

TIP
- 허리가 넉넉한 패턴이므로 일부러 큰 사이즈로 만들 필요가 없다.
- 구김이 너무 많이 가는 원단은 피하는 것이 좋다.
- 전체 심지 작업 시에는 심지를 먼저 붙이고 재단한다.

재단 시 참고 사항
- 1장 재단: 뒤요크/댕고/지퍼덧단
- 2장 재단: 앞/뒤1/뒤2/주머니A/주머니B/앞요크/뒤 OB
- 4장 재단: 앞 OB

- 바지 밑단 시접: 3cm
- 기본 시접은 1cm, 그 외 시접은 표시된 숫자(단위: cm)를 확인하고 재단한다.
- 색상은 심지 작업
- 색상은 다대 테이프 작업

밑단 재단 방법

바지 밑단 재단 시 윗면이 넓어지는 것만큼 아랫부분이 퍼지게 재단한다.

전체 심지 작업하기

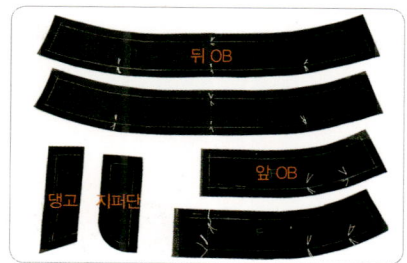

앞/뒤 OB와 지퍼단, 댕고에 전체 심지 작업을 한다.

앞/뒤판 만들기

❶ 앞-뒤판의 옆선에 오버록한다. 이때 앞판의 바깥쪽 옆선은 오버록하지 않는다.

❷ 주름선에 맞춰 5cm 박는다.

❸ 주름을 잡아 자리를 잡고 윗부분의 도지 부분까지 ㄷ자로 상침한다.

❹ 앞판 주머니 입구인 부분 완성선 안쪽으로 다대 테이프를 붙인 뒤 앞판끼리 마주 대고 중심에서 만나는 앞주름선을 맞춘다. 지퍼 끝선부터 일자로 3cm를 박는다.

❺ 주머니 A를 달고 시접을 주머니 쪽으로 넘겨 2mm 상침으로 보강 박음질한다.

❻ 주머니 B까지 모두 단 뒤 앞 옆선에 오버록 한다(102page 주머니 다는 방법 참고).

❼ 앞 요크 양옆을 오버록한 뒤 앞판에 연결하고 시접은 오버록하여 위로 향하도록 다린다.

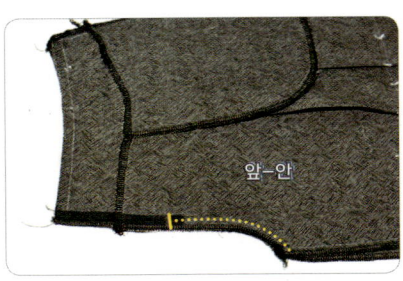

❽ 앞판의 지퍼가 달리는 부분에 다대 테이프를 붙인 뒤 겉끼리 마주 대고 지퍼 끝점까지 밑위를 박는다.

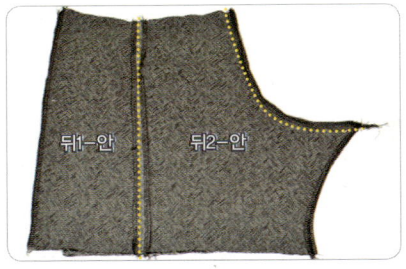

❾ 뒤2의 밑위 부분도 오버록한 뒤 뒤1과 연결한다. 그런 다음, 가름솔로 다리고 뒤판끼리 밑위 부분을 박는다.

❿ 밑위 부분을 시접 가름솔로 가른 뒤 몸판과 함께 1mm 정도 안쪽으로 보강 박음질을 한다(103page 배기 바지 참고).

⓫ 뒤 요크 양옆에 오버록한 뒤 뒤판에 연결하고 시접에 오버록하여 위로 향하도록 다려 놓는다.

지퍼 달고 오비 달기

❶ 지퍼단 곡선 부분에 오버록한 뒤 앞판 오른쪽에 지퍼단을 단다.

❷ 지퍼단을 뒤로 넘겨 다린 뒤 왼쪽 시접은 5mm 접어 다리고 지퍼를 단다(103page 배기 바지 참고).

❸ 지퍼 달기를 마무리하고 7cm 길이로 만들어 놓은 벨트 고리 5개를(63page 참고) 주름이 시작하는 앞, 뒤 너치 부분과 뒤 중심에 밑으로 향하게 하여 고정한다.

❹ 앞-뒤판의 옆선을 합봉한 뒤, 바지의 안쪽선도 합봉하여 바지 몽통을 만들어준다.

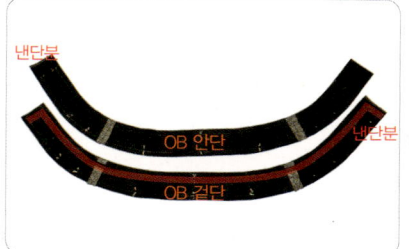

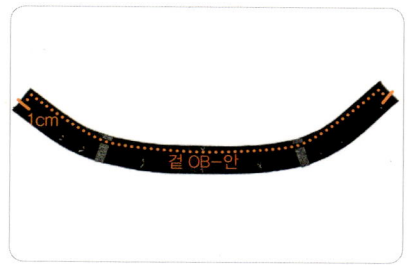

❺ 낸단분이 입은 상태에서 왼쪽으로 오도록 안단을 모두 연결한 뒤 겉 OB에 옆-위 세 면에 다대 테이프를 붙인다.

❻ OB 안단 밑에 세 겹 바이어스를 두른다(129 page 바이어스 참고).

❼ 안단 겉끼리 마주 대고 옆-위 세 면을 박는다. 이때 양옆의 아랫단 쪽 1cm는 박지 않는다.

❽ 몸판 겉쪽과 안단 겉쪽의 허리둘레를 함께 박는다. 앞서 1cm를 박아 놓지 않았기 때문에 트임에 맞게 박으면 된다.

❾ 시접을 감싸면서 안단을 안쪽으로 넘긴 위 바이어스의 끝자락을 사선으로 쳐내고 사선으로 접어 넣어 시접을 정리한다.

❿ 겉쪽에서 1m 상침으로 허릿단을 박는다.

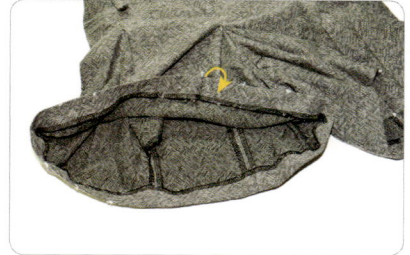

⓫ OB 둘레를 상침으로 모두 둘러 박아준다.

⓬ 바지 아랫단에 오버록하고 3cm 접어 다려 상침으로 마무리한다.

⓭ 벨트 고리 끝을 위로 올려 단다(105page 허리 벨트 참고). 단춧구멍을 내고 단추를 달아 완성한다.

19 린넨 베이직 베스트

View >> 42 page

추천 원단 및 부자재 소요량

* 린넨/TR 30수/모직 원단 1마 반
* 실크 심지 1마
* 28mm 여밈용 단추 1개

재단 실물본 6면 패턴 수록

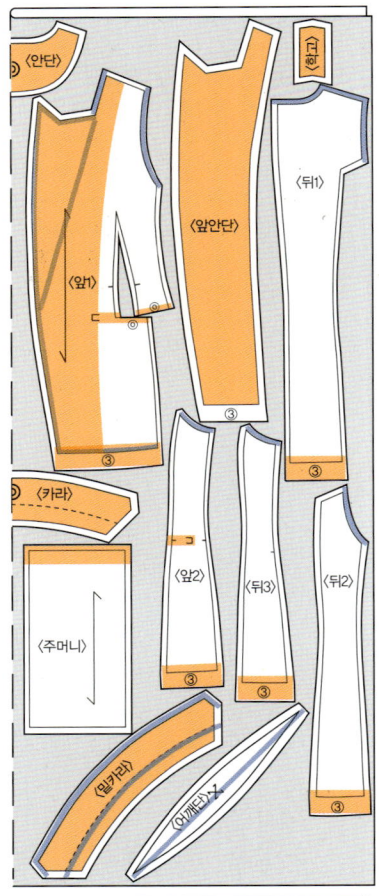

TIP
- 직기 원단이라면 패턴으로 라인이 잘 빠져 있어서 어떤 원단을 사용해도 무관하다.
- 제시한 심지 작업 방법은 고급 핸드메이드 의류에만 사용하는 방법으로, 잘 익혀두면 퀄리티 높은 옷을 제작하는 데 도움이 된다.
- 면, 마, 레이온 등과 같은 천연소재로 직조된 원단은 선세탁을 하여 미리 수축시킨 뒤 제작해야 한다.

재단 시 참고 사항
- 1장 재단: 뒷목안단
- 2장 재단: 앞1/앞2/뒤1/뒤2/뒤3/학고/앞안단/카라/어깨단/주머니

- 몸판/안단 아랫단 시접: 3cm
- 기본 시접은 1cm, 그 외 시접은 표시된 숫자(단위: cm)를 확인하고 재단한다.
- ■ 색상은 심지 작업
- ■ 색상은 다대 테이프 작업

재단 시 체크포인트

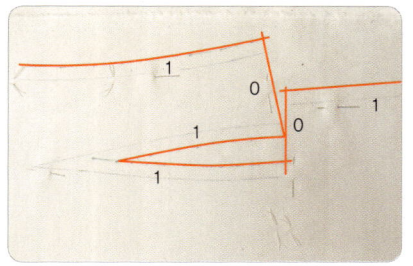

앞판 주머니의 갈라지는 부분은 시접을 0으로 하여 재단한다.

전체 심지 안단 처리하기

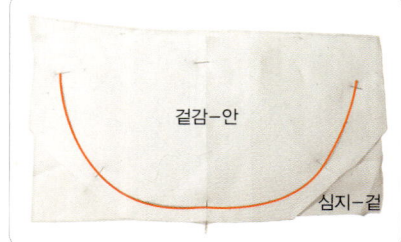 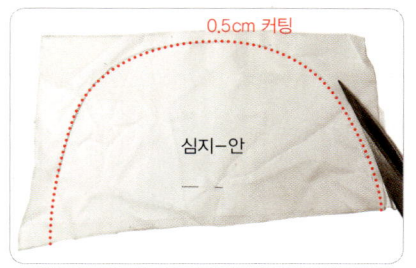

❶ 안단할 원단을 넉넉히 재단한 뒤 실크 심지와 겉-겉을 마주보게 하고, 뒷목의 안단 외곽 부분을 박는다. 모두 박았으면 0.5cm 시접을 남기고 잘라낸다.

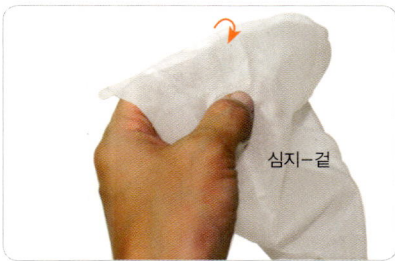 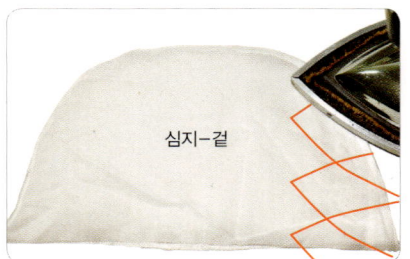

❷ 위의 구멍을 통해 뒤집은 뒤 다림질로 심지를 붙인다. 이때 주름이 잡히지 않게 외곽부터 둘러 붙인 뒤 가운데를 나중에 붙인다.

❸ 깔끔하게 붙여졌으면 뒷목 안단 패턴을 사진에서의 동그라미 친 부분이 잘 맞도록 배치하고, 나머지를 재단한다. 이미 마무리된 아랫부분은 신경 쓰지 않아도 된다.

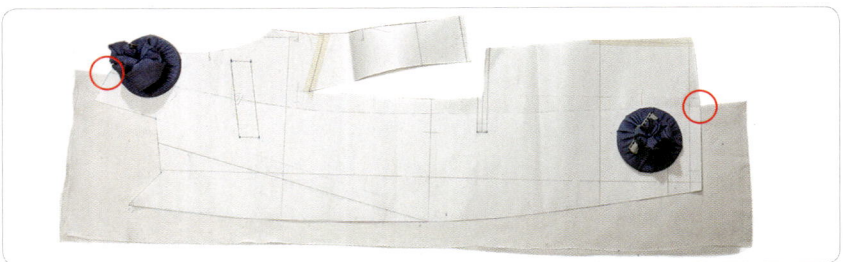

❹ 앞 안단 또한 같은 과정으로 전체 심지 작업을 한다. 먼저 몸 안쪽 라인을 마무리하고 패턴의 안단선(사진의 동그라미 부분)을 잘 맞춰 재단한다.

심지
작업하기

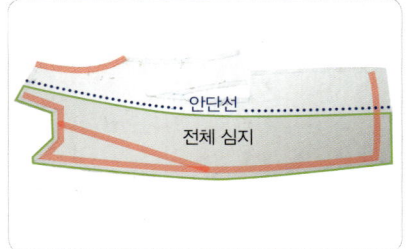

❶ 앞판 안단선 안쪽으로 1cm 정도 들어간 선 대로 전체 심지 작업을 한다(연두색 선). 그런 다음, 암홀과 앞선, 꺾임선에 다대 테이프를 붙인다.

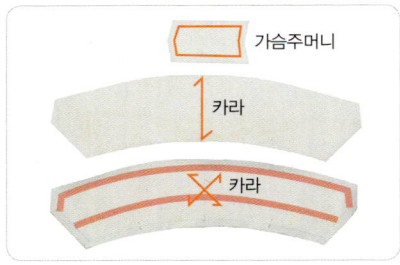

❷ 카라와 가슴 주머니에 전체 심지 작업을 한다. 이때 밑 카라는 겉감과 심지 모두 바이어스 재단하여 작업하고 세 면의 외곽과 꺾임선 안쪽에 다대 테이프를 붙인다.

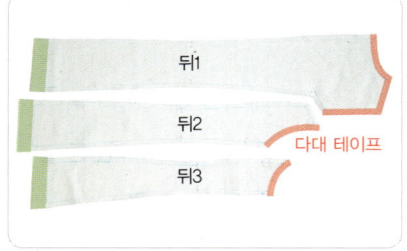

❸ 뒤1, 2, 3의 목둘레, 어깨, 암홀에 다대 테이프를 붙인다. 비치는 원단이므로 아랫단에는 완성선에 맞춰 심지를 밑단 쪽에 붙인다(안 비치는 원단은 몸판 쪽으로 1cm 정도 올라오도록 붙인다).

❹ 같은 방법으로 앞판 두 장 또한 아랫단과 암홀 처리한다.

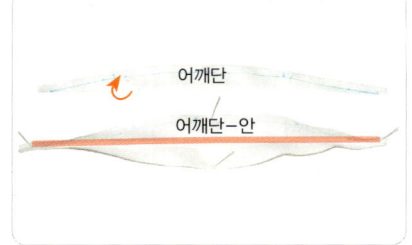

❺ 어깨단 접히는 중심 부분에 다대 테이프를 붙이고 접어 다린다.

시접에 바이어스치기

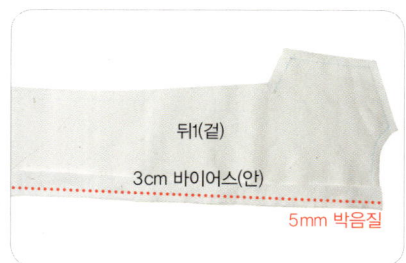

❶ 몸판의 겉단에 바이어스를 대고 5mm로 박음질한다.

❷ 바이어스를 뒤로 돌려 다린다.

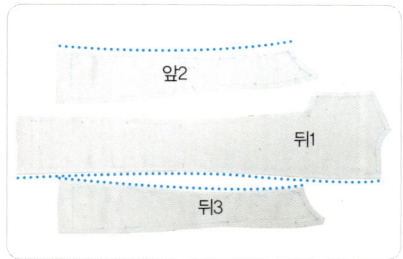

❸ 겉쪽에서 1mm 상침 박음질로 바이어스를 고정한다. 바이어스 한쪽 면은 접히지 않고 뒤쪽으로 넘어간 채로 박힌다.

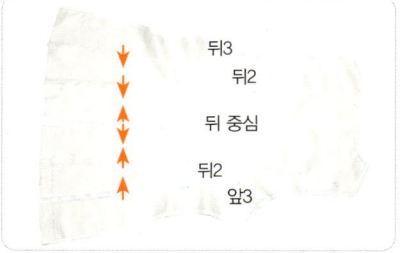

❹ 뒤1 중심, 앞2와 뒤3의 옆선을 앞의 방법으로 바이어스를 감싼다.

❺ 뒤1-뒤2-뒤3을 연결한 뒤 중심 시접은 가름솔로, 나머지 시접은 중심을 향하도록 다린다.

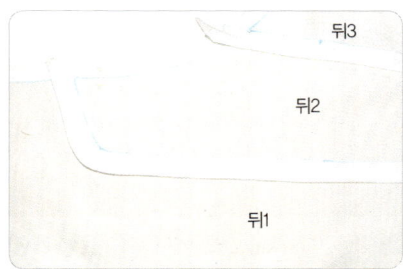

❻ 몸판에 연결된 시접들을 두 겹씩 한 번에 바이어스 둘러 깔끔하게 마무리한다.

앞판 연결하고 주머니 작업하기

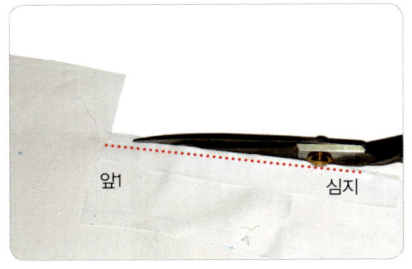

❶ 앞1의 다트를 박을 때에는 실크 심지를 2cm 정도 두께로 러프하게 잘라 겉끼리 마주 대고 함께 박는다. 시접을 0.5cm로 잘라 내고 몸판 쪽 심지 또한 7mm 정도로 잘라 낸 뒤 다트 시접과 함께 몸판에 붙여준다.

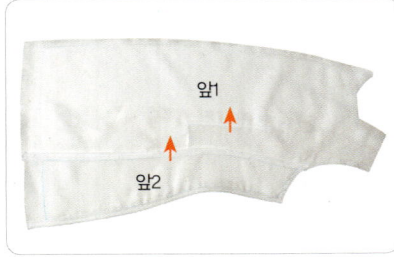

❷ 앞1-앞2를 연결한 뒤 시접을 바이어스로 감싸 몸 중심 쪽으로 시접을 넘겨 다린다.

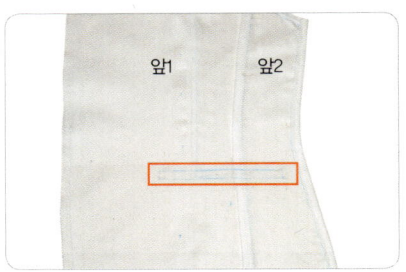

❸ 주머니 위치에 1cm 정도 더 크게 심지를 붙이고, 주머니 위치를 다시 한 번 초크로 그린다.

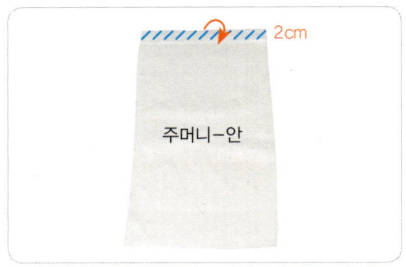

❹ 주머니 윗부분에 4cm 두께의 심지를 붙이고 2cm 접어 다린다.

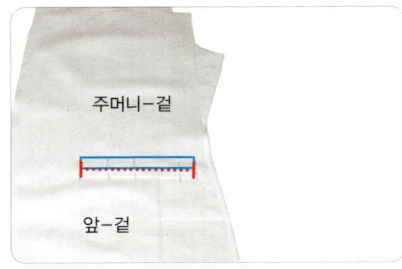

❺ 몸판 (겉) 주머니 위치에 주머니감을 사진처럼 접은 부분이 아래로 향하도록 배치하고 1cm로 박아준다. 이때 양 끝이 정확히 맞아야 한다.

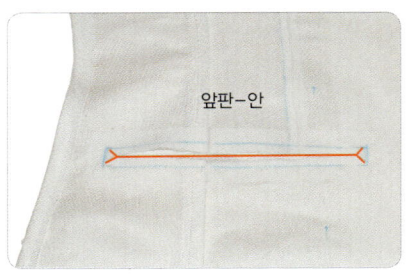

❻ 몸판의 주머니 위치에 맞춰 양 끝을 Y자로 잘라낸다. 이때 주머니감이 잘리지 않도록 주의한다.

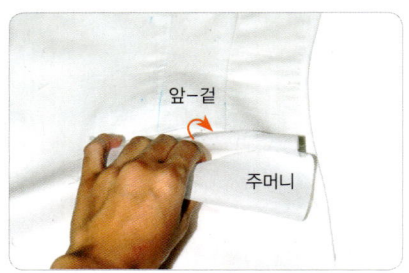

❼ 잘린 주머니 구멍으로 주머니감을 집어넣어 몸판의 뒤로 보낸다.

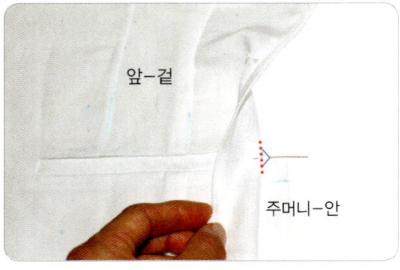

❽ 주머니 모양을 잡은 뒤 시접들을 잘 접어 다리고 옆을 들춰내 주머니와 몸판의 세모난 시접을 함께 박아 입구 양옆을 막는다.

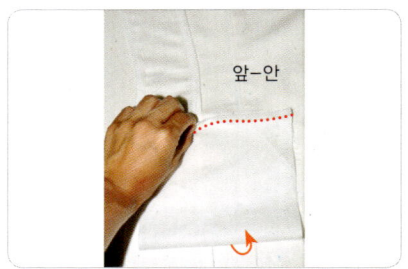

❾ 주머니를 반으로 접어 올려 몸판 주머니의 윗시접과 함께 박는다. 이때 주머니 시접은 1cm가 되도록 한다.

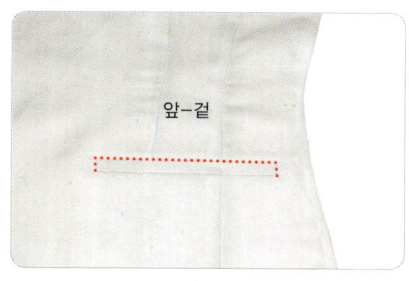 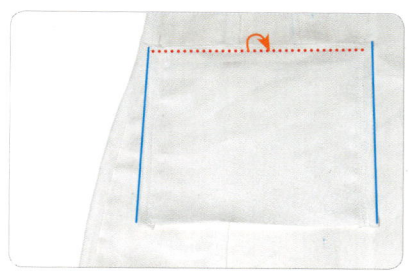

⑩ 겉쪽에서 주머니 입구 부분의 위와 양옆의 세 면을 1mm 상침한다.

⑪ 주머니 양옆은 바이어스로 둘러주고, 윗부분은 1cm 시접을 주었던 것을 반으로 접어 몸판 시접을 감싼다. 그런 다음, 시접과 함께 박아 마무리한다.

가슴에 모양 주머니 달기

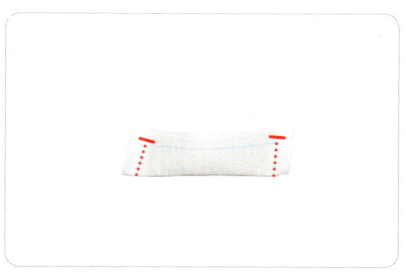 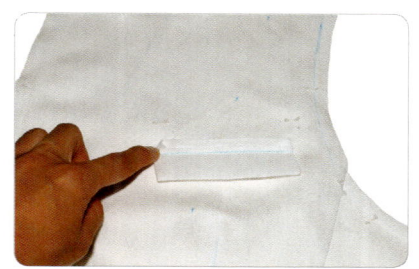

❶ 전체 심지된 주머니의 양옆을 끝에 0.5cm 정도 남기고 박아 뒤집어 주머니 입구의 모양을 만든다.

❷ 주머니 위치에 밑면부터 박아준 뒤 위로 올라온 시접을 0.5cm 정도 잘라낸다. 몸 중심쪽의 시접 한쪽을 안으로 접는다.

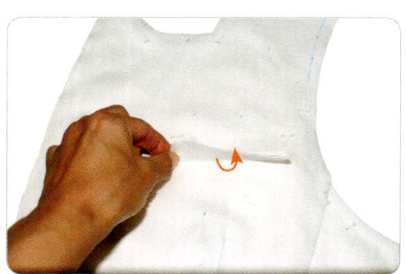 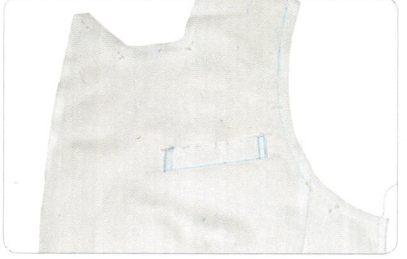

❸ 시접이 접혀 있는 상태에서 위로 올려 다린다.

❹ 상침 박음질로 마감한다(앞판 양쪽 동일).

앞/뒤판 연결하기

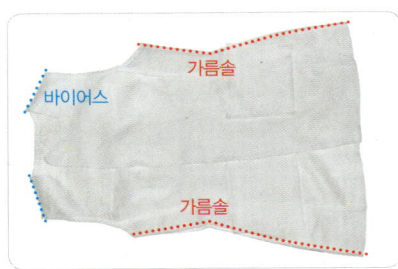

❶ 앞뒤 몸판의 옆선과 어깨선을 연결한 뒤 옆선은 가름솔로, 어깨 시접은 바이어스를 두르고 뒤로 넘겨 다려준다.

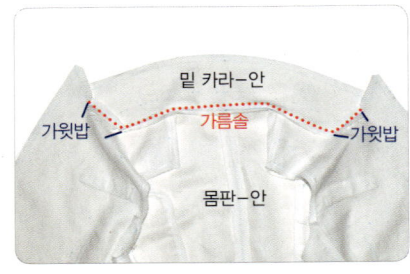

❷ 밑 카라를 몸판에 단다. 사진의 빨간색 선대로 박음질하고 몸판 쪽 시접(파란색 선)에 가윗밥을 준 뒤 가름솔로 다린다.

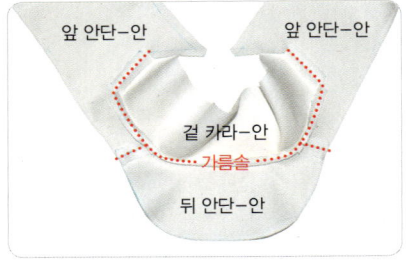

❸ 안단도 어깨선을 이어주고 가름솔 처리 한 뒤 겉 카라를 달아주고 가름솔로 다린다.

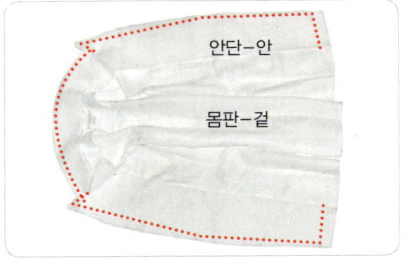

❹ 몸판과 안단의 겉끼리 마주 대고 둘러서 박는다.

마무리 작업하기

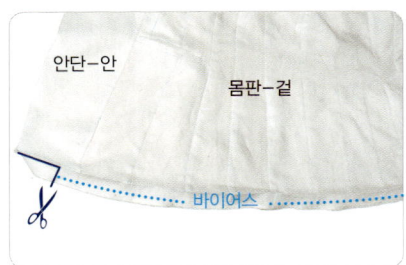

❶ 아랫단에 바이어스를 두르고 양 끝에 안단을 기준으로 옆에서 2cm/완성선 1cm을 남기고 잘라낸다.

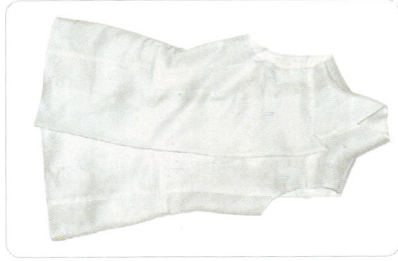

❷ 뒤집어서 잘 다린다. 이때 카라의 뽀족한 부분 시접을 짧게 잘라내고 잘 뒤집어서 잡아당기지 말고 다려야만 모양이 예쁘다.

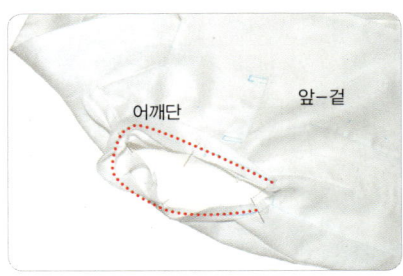

❸ 앞판에 어깨단의 겉끼리 마주 대고 박는다. 바이어스로 재단되었으므로 잡아당겨지지 않게 너치를 잘 맞춰야 한다.

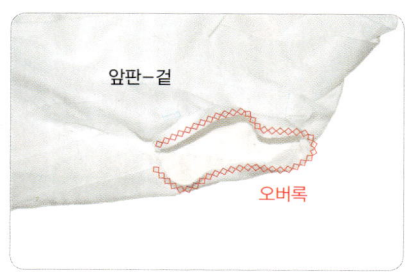

❹ 몸판과 같은 색상의 실로 오버록하여 시접을 정리한다(0.5cm로 정리).

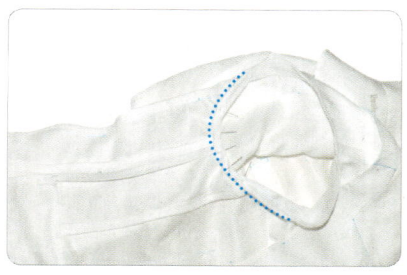

❺ 아랫부분에만 바이어스를 두른다.

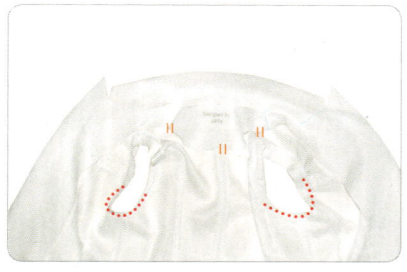

❻ 어깨단 시접을 몸판 쪽을 향하도록 잘 다린 뒤 바이어스를 두른 만큼만 상침으로 몸판에 고정한다. 안단은 몸판 중심과 어깨 쪽에 살짝 떠서 고정한다.

❼ 아랫단을 접어 다려 세발 뜨기나 감침질로 고정한 뒤 주머니를 안단 안쪽으로 정리하고 안단을 고정한다. 패턴에서 위치를 확인한 뒤 단추를 달고 단춧구멍을 내어 완성한다.

20 세일러 빅 카라 롱 카디건

View >> 44 page

추천 원단 및 부자재 소요량

* 울니트 원단 2마
* 접밴드 30야드(Yd)
* 뒤 장식용 30mm 단추 2개

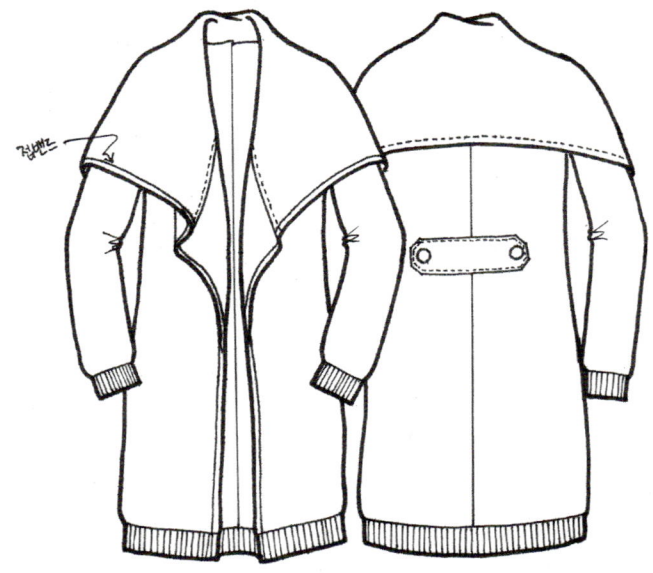

재단 실물본 4면 패턴 수록

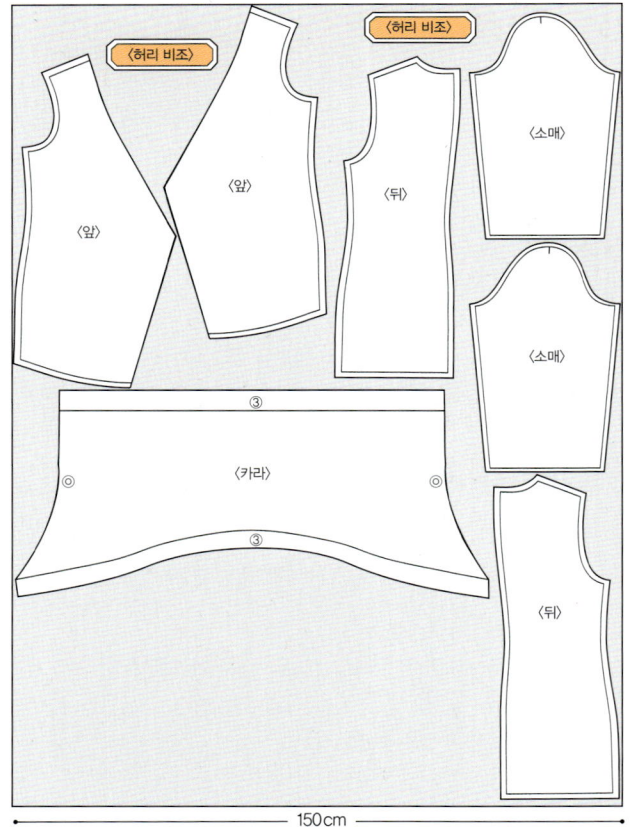

TIP

- 같은 색상의 짜임이 다른 니트를 선택하여 카라와 몸판 배색을 하면 더 멋스럽다. 이때 원단이 각각 1마씩 소요된다.
- 접밴드가 없을 때는 몸판 외곽 시접을 3cm 주고 두번 접어 다려 박으면 된다.

재단 시 참고 사항

- 1장 재단: 카라/밑단
- 2장 재단: 앞/뒤/소매/허리 비조/소매시보리

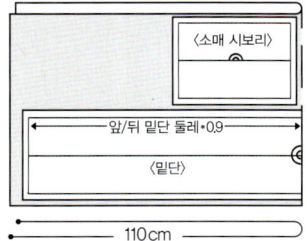

- 카라 끝 시접: 3cm/목둘레 시접: 3cm/카라와 앞 판의 앞 중심 시접: 0cm
- 기본 시접은 1cm, 그 외 시접은 표시된 숫자(단위: cm)를 확인하고 재단한다.
- 색상은 심지 작업

전제 심지 작업하기

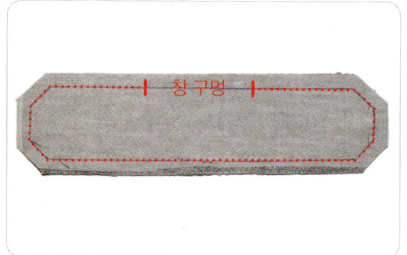

❶ 비조에 전체 심지를 붙인 뒤 창 구멍을 남겨두고 박는다.

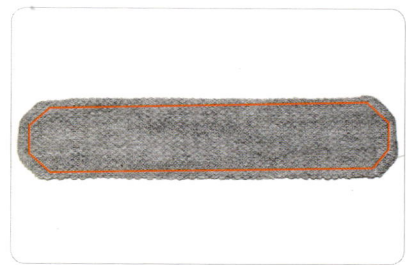

❷ 모서리 시접을 정리한 뒤 창 구멍으로 뒤집어서 5mm 상침으로 두른다.

몸판 만들기

❶ 카라의 끝부분을 1.5cm씩 두 번 접어 다려 박아 마무리한다.

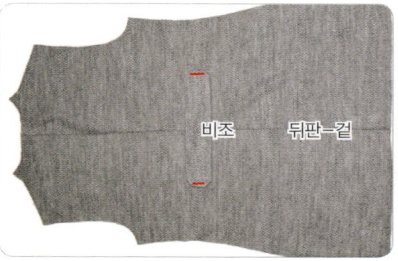

❷ 뒤판 중심을 이은 뒤 비조를 제 위치에 두고 양 끝을 고정 박음질한다.

❸ 뒤-앞판 어깨선을 연결한 뒤 소매까지 연결한다.

❹ 소매를 기준으로 반으로 접어 옆선-소매까지 한 번에 박아준다.

카라 달기

❶ 카라를 목둘레에 3cm 박아준다.

❷ 카라를 박은 시접에서 몸판 시접 2cm를 잘라낸다.

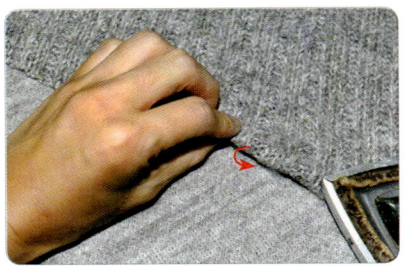

❸ 카라 시접으로 몸판 시접을 감싸면서 다린다.

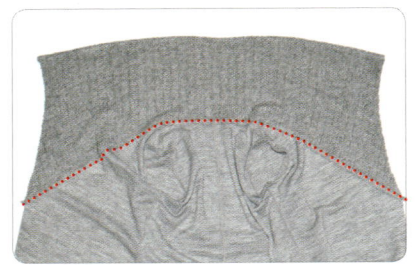

❹ 감싼 시접을 2mm 상침으로 박아 쌈솔로 마무리한다.

접밴드 마무리하기

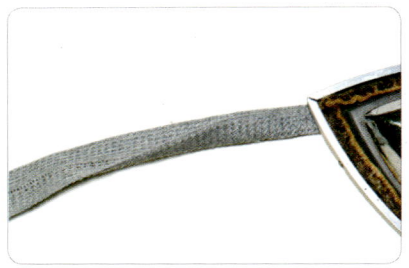

❶ 접밴드는 반으로 접어 다려 준비한다.

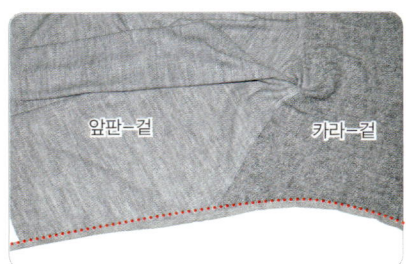

❷ 앞 중심 부분에 미리 접어 다려 놓은 접밴드를 둘러 상침으로 마무리한다.

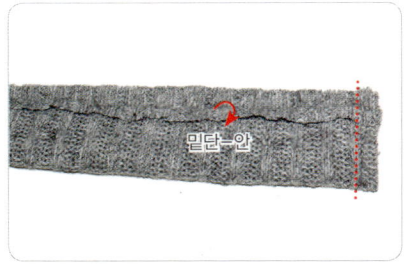

❸ 앞/뒤 밑단 둘레의 길이를 합한 길이의 90% 길이에 시접 포함 12cm 두께로 재단한다. 한쪽 밑단의 시접 1cm 안쪽으로 접어 다린 뒤 겉끼리 마주보도록 반으로 접어 양옆 선을 박는다. 그런 다음, 뒤집어서 잘 정리한다.

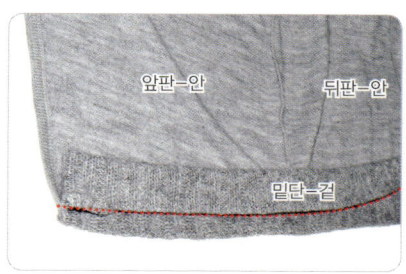 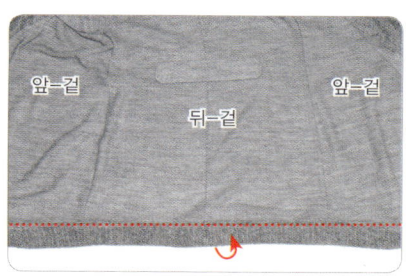 

❹ 몸판 안쪽에 밑단의 접히지 않은 부분을 대고 박는다.

❺ 시접을 감싸면서 밑단을 겉쪽으로 넘겨와 2mm 상침으로 고정 마무리한다.

❻ 소매 시보리를 단다(77page 참고).

❼ 비조의 양옆에 단추를 달아 마무리한다.

21 유니크 카라 플레어 재킷

View >> 46 page

추천 원단 및 부자재 소요량

* 울개버딘/TR 원단 등 드레이프성이 있는 트윌 원단 2마~2마 반
* 안감(폴리트윌/견) 1마 반~2마
* 20mm 스냅 1개
* 5mm 두께 패드
* 실크 심지 반마/다대 테이프 약간

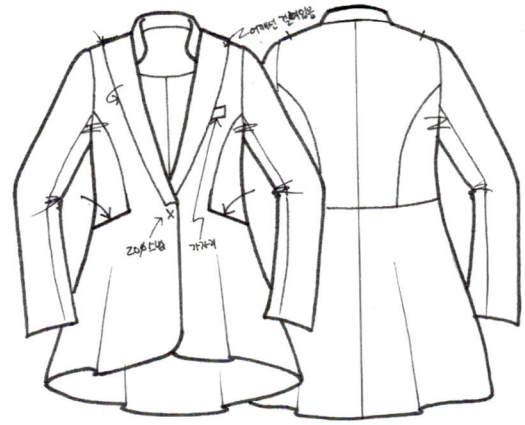

재단 *실물본 6면 패턴 수록*

〈겉감〉

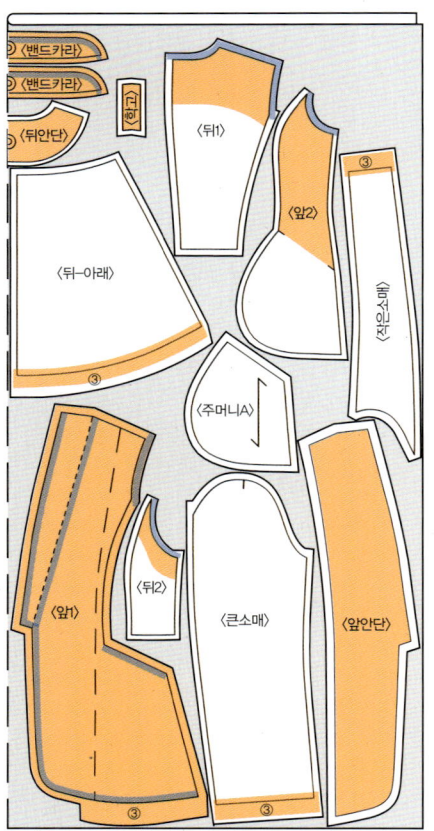

150cm

〈안감〉

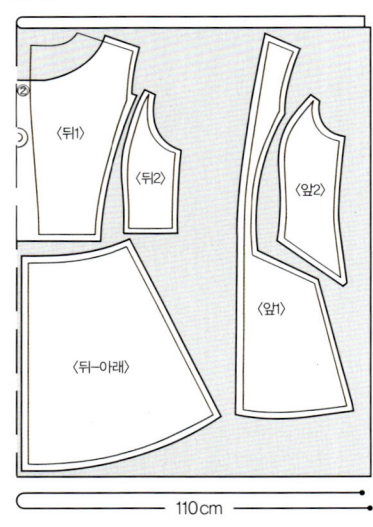

110cm

TIP

- 뒤의 플레어 라인이 살려면 드레이프성을 확인하고 원단을 선택해야 한다.
- 푸석하고 가벼운 원단은 이번 재킷에는 맞지 않는다.
- 안감을 넣고 싶지 않다면 131p 린넨 베이직 베스트 만드는 방법을 참고하여 시접에 해리 작업을 해주면 된다.

재단 시 참고 사항

- 1장 재단: 뒤안단
- 2장 재단: 앞1/앞2/뒤1/뒤2/뒤-아래/ 큰소매/작은소매/주머니A/ 학고/밴드카라/앞안단
- 안감 재단: 뒤1/뒤2/앞1/앞2/뒤-아래

- 몸판/소매 아랫단 시접: 3cm
- 기본 시접은 1cm, 그 외 시접은 표시된 숫자(단위: cm)를 확인하고 재단한다.
- 색상은 심지 작업
- 색상은 다대 테이프 작업

심지 작업 시 유의 사항

아우터류의 심지 작업은 제작의 50%를 차지할 정도로 중요하다. 몸판에 전체 또는 부분 심지 작업을 할 때는 심지를 반드시 먼저 붙이고 난 뒤에 재단하자. 재단을 먼저 하게 되면 곡선 부분들이 틀어져 재단이 바뀌게 되고 옷의 퀄리티가 떨어진다. 뒤판의 부분 심지 작업들도 사진처럼 먼저 심지를 붙인 뒤에 재단선을 그려 재단한다.

안감 재단 시 유의 사항

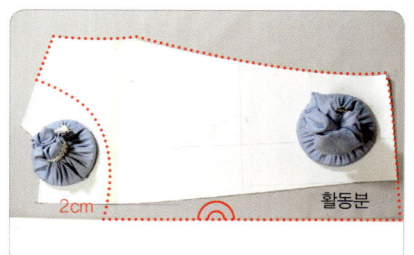

❶ 뒤 안감은 활동분을 주어야 한다. 안감을 접고 2cm 띄워 패턴을 배치하고, 뒤 안단선을 제외하고 활동분을 포함하여 재단한다.

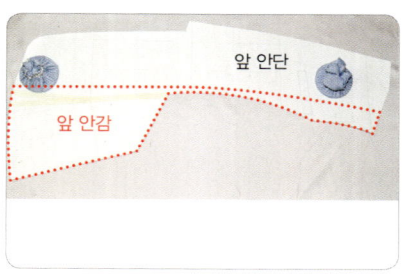

❷ 앞1에서 안단선을 기준으로 안감과 안단을 분리하여 안감 부분을 재단한다.

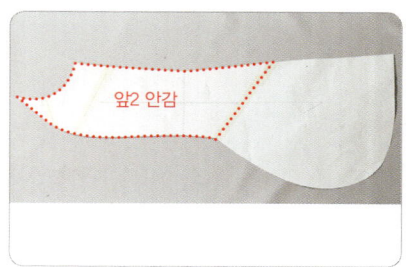

❸ 앞2에서 주머니 라인으로 분리하여 안감을 재단한다.

심지 작업하기

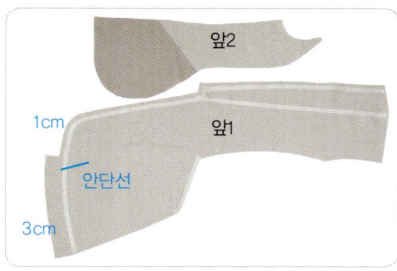

❶ 앞2는 주머니 라인까지, 앞1은 전체 심지 뒤 다대 테이프를 앞-밑면 완성선 안쪽과 카라 꺾임선에 맞춰 붙인다. 아랫단 재단 시 안단선을 기준으로 2cm 정도 안쪽까지는 1cm, 그 외에는 3cm로 재단한다.

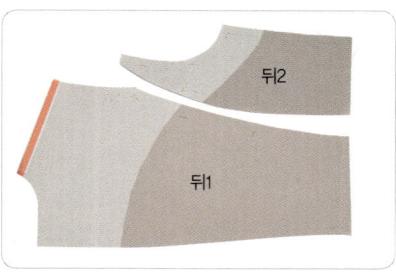

❷ 뒤1/뒤2는 사진처럼 적당한 라인으로 반심지를 해주고 어깨에 다대 테이프를 붙인다.

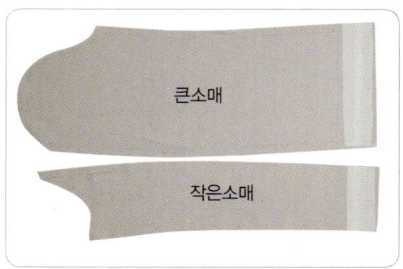

❸ 소매 밑면에는 두께 4~5cm의 실크 심지를 붙인다.

❹ 뒤-아래 플래어 라인에 완성선에서 1cm 정도 올라오도록 3~4cm 두께로 심지를 붙인다.

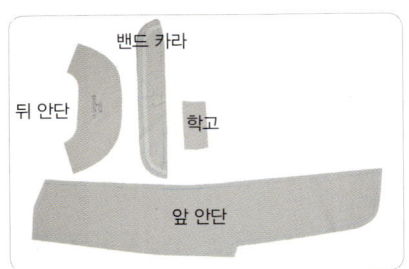

❺ 앞 안단, 뒤 안단, 밴드 카라, 가슴 주머니(학고)는 전체 심지 작업을 하고, 밴드 카라 한 장에 위-옆면 완성선 안쪽으로 다대 테이프를 붙여준다.

밴드 카라 만들기

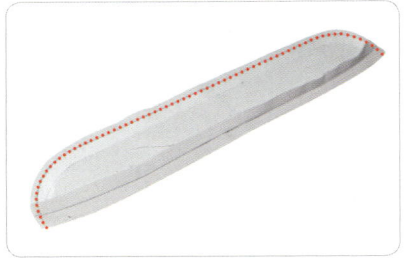

❶ 겉 밴드의 아랫단을 먼저 접어 다린 뒤 밑 밴드와 겉끼리 마주 대고 옆-윗면을 박은 다음 0.5cm 시접을 잘라 정리한다.

❷ 뒤집어줄 때에는 양 끝 모서리 부분 시접을 잘 정리하여 넣어주어야 한다.

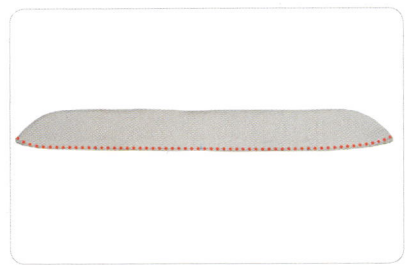

❸ 시접을 접어 넣어 정리하고 다린 뒤 2mm 상침으로 마무리한다.

앞판 만들어주기

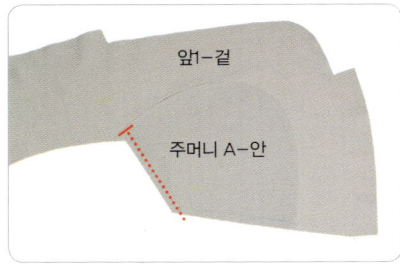

❶ 앞에 주머니 A를 연결한다. 이때 앞1의 꺾이는 부분 완성선까지만 박은 뒤 앞1에 가윗밥을 준다.

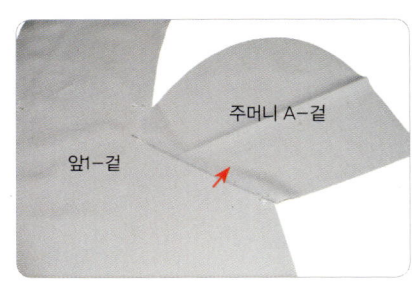

❷ 시접을 주머니 쪽으로 넘겨 2mm 상침으로 보강 박음질한다(보강 박음질 시 양옆에 1.5cm 정도 남겨둔다).

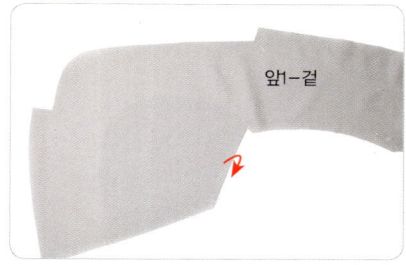

❸ 주머니를 넘겨 잘 다려 놓는다.

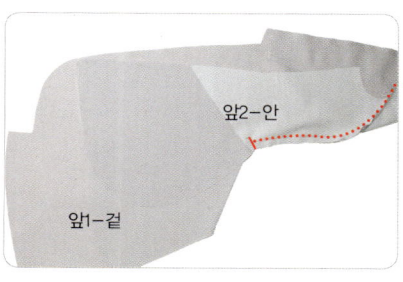

❹ 앞2의 몸판 부분을 앞에 연결한다. 가윗밥을 준 부분까지 맞춰 박는다.

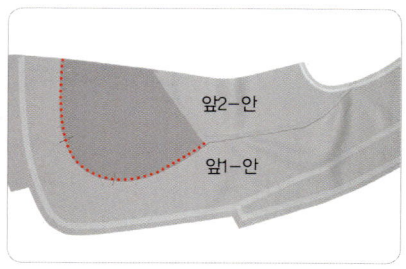

❺ 앞2의 주머니와 주머니 A를 맞대어 가윗밥 부분부터 연결하여 박는다.

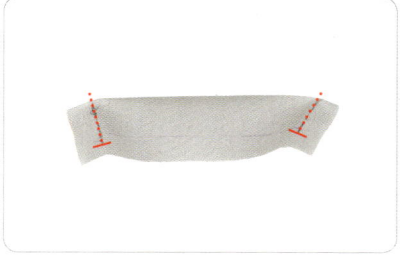

❻ 학고 부분을 반으로 접어 양옆을 0.5cm 남기고 박은 뒤 뒤집어 다려 놓는다.

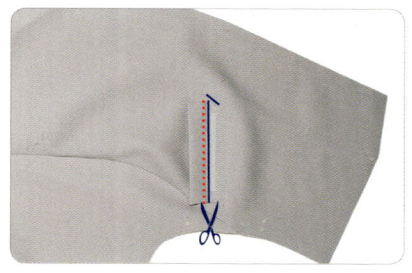

❼ 패턴에 표시된 위치에 겉끼리 마주 대고 박은 뒤 위로 올라온 시접을 0.5cm 자르고, 옆 모서리는 사선으로 자른다.

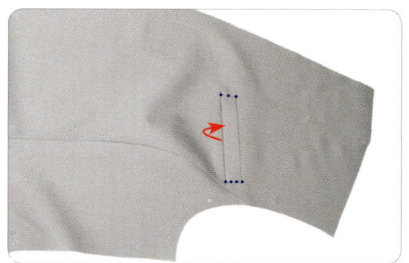

❽ 박은 선을 기준으로 위로 올려 다려 양옆을 공구르기로 고정한다.

뒤판만들어 앞판과 합봉하기

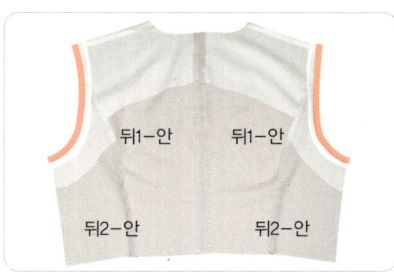

❶ 뒤1-뒤2를 연결한 뒤 중심 시접은 가름솔, 옆 시접은 몸 중심을 향하도록 다린다. 암홀에 다대 테이프를 붙인다.

❷ 뒤-아래단과 뒤상을 겉끼리 마주 댄 뒤 허리선을 연결하고 시접 위로 올려 다린다.

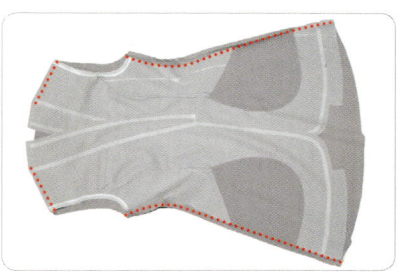

❸ 앞판과 뒤판의 어깨선과 옆선을 박아 몸통을 만든다.

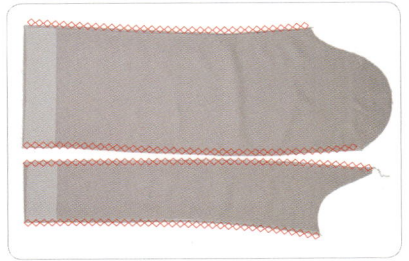

❹ 큰소매/작은소매의 양옆 선에 오버록한다.

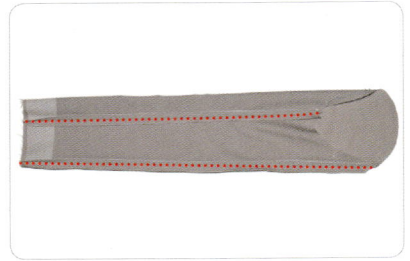

❺ 큰소매와 작은소매를 이어 소매통을 만든다.

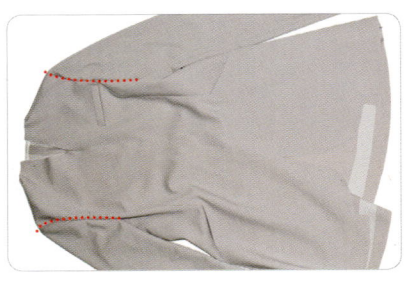

❻ 이새 처리를 하여 소매를 단다(62page 이새 처리하여 소매 달기 참고).

안감 작업하기

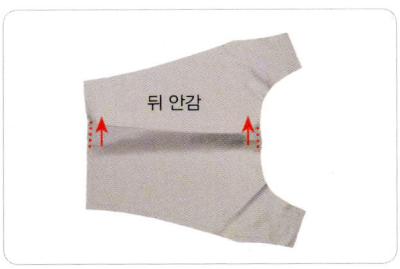

❶ 뒤 안감 활동분을 한쪽으로 접어 넘기고 위쪽과 아래쪽에 고정 박음질을 한다.

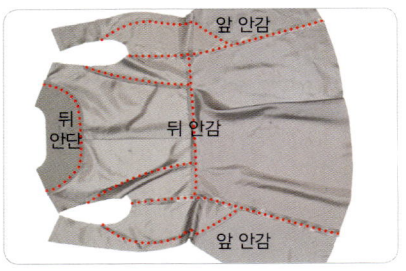

❷ 뒤 안단과 안감들을 모두 연결한다.

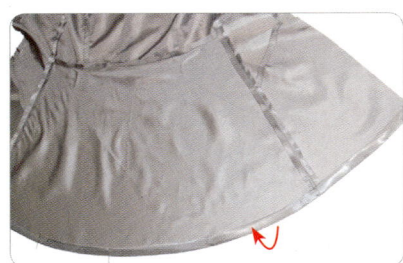

❸ 안감 밑단 1.5cm씩 두 번 접어 다려 2mm 상침으로 마무리한다.

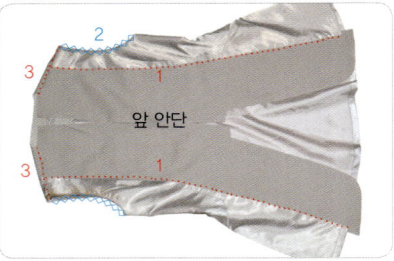

❹ 앞 안단을 연결한 뒤 암홀 부분을 오버록하고 어깨 부분을 연결하여 안감 몸통을 만든다.

겉/안감 합봉하고 마무리하기

❶ 겉감 암홀 시접 5mm로 잘라내고, 바이어스를 둘러준다.

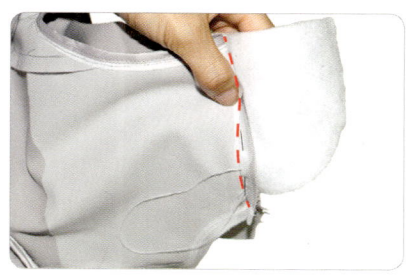

❷ 패드 중간 부분과 어깨선을 잘 맞춰 시접에 고정한다.

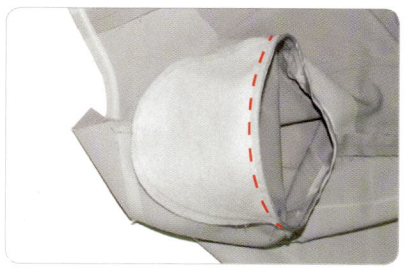

❸ 패드의 평평한 면과 암홀의 시접을 시침질로 고정한다.

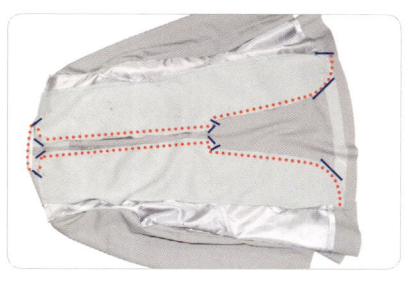

❹ 안-겉감의 겉끼리 마주 대고 둘레를 박은 뒤 꺾이는 부분에 가윗밥을 주고 모서리들은 시접을 정리한다.

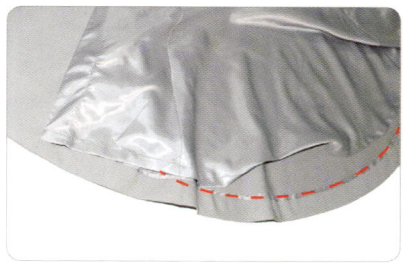

❺ 밑단과 소매단에 바이어스를 두르고(131page 세 겹 바이어스 참고) 3cm를 접어 다려 감침질로 마감한다.

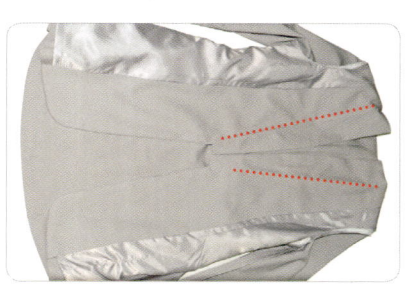

❻ 카라 접는 선에서 몸판의 안쪽으로 고정 박음질을 한다. 안감의 암홀 부분 또한 패드를 감싸주면서 감침질로 고정한다.

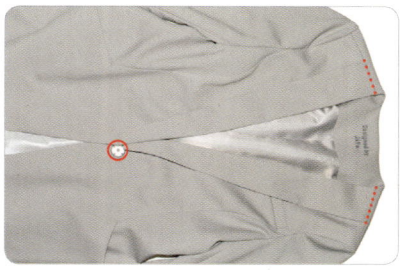

❼ 카라를 접어 넘겨 어깨선에 공구르기로 고정한다. 단추 위치에 단추를 달거나 스냅을 달아 여밈 처리를 한다.

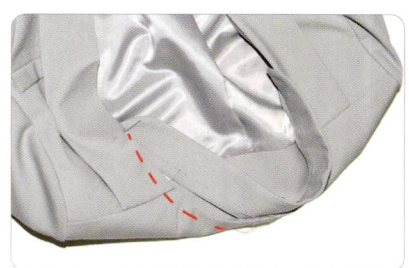

❽ 만들어둔 밴드 카라가 1cm 안으로 겹쳐 들어가도록 공구르기로 단다.

22 트렌치코트

View >> 48 page

추천 원단 및 부자재 소요량

* 트렌치코트용 개버딘 3마
* 폴리트윌 안감 2마
* 상침용 지누이도사
* 안지름 25mm 버클 2개 / 안지름 5cm 버클 1개
* 23mm 단추 11개 / 18mm 단추 2개
* 실크 심지 1마 반
* 다대 테이프

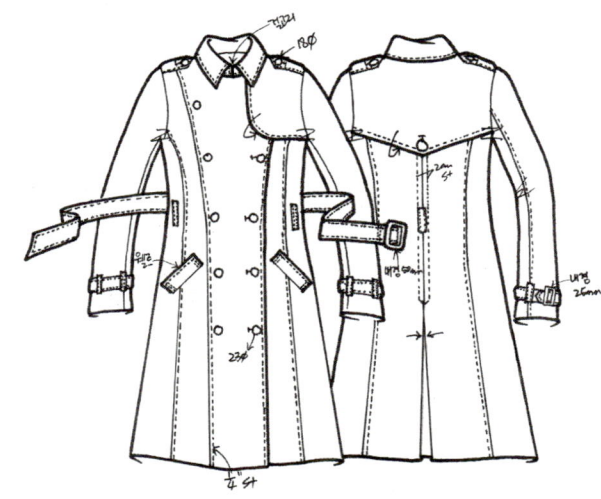

재단 _실물본 7면 패턴 수록_

〈겉감〉

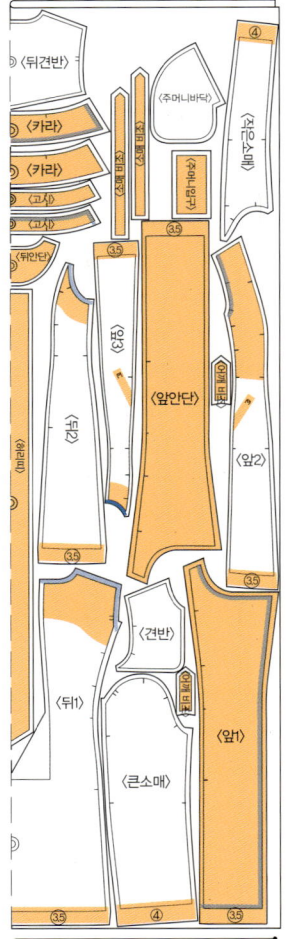

150cm

〈안감〉

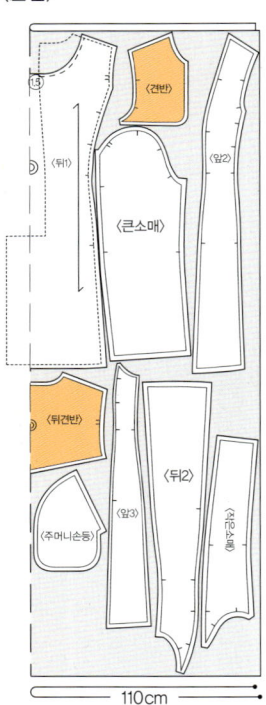

110cm

TIP

- 트렌치코트는 코트용 개버딘을 이용하여 만든다.
- 아우터일수록 고급 원단으로 만들어주는 것이 좋다.
- 실크 심지는 코트용 능직 심지를 이용하는 것이 좋지만, 여의치 않다면 일반 실크 심지를 사용하면 된다.

재단 시 참고 사항

〈겉감〉

- 1장 재단: 뒤1/뒤견반/뒤안단/벨트
- 2장 재단: 앞1/앞2/앞3/뒤2/큰소매/작은소매/앞견반/주머니바닥/ 고시/카라/주머니입구/앞안단
- 4장 재단: 어깨 비조/소매 비조

〈안감〉

- 1장 재단: 뒤1/뒤견반
- 2장 재단: 앞2/앞3/뒤2/큰소매/작은소매/주머니손등/견반

- 소매 아랫단 시접: 4cm / 몸판 밑단 시접: 3.5cm
- 기본 시접은 1cm, 그 외 시접은 표시된 숫자(단위: cm)를 확인하고 재단한다.
- ■ 색상은 심지 작업
- ■ 색상은 다대 테이프 작업

뒤판 겉감 재단하기

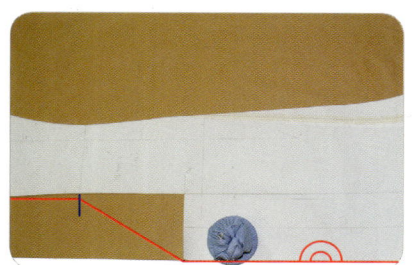

허리선에서부터 맞주름 부분까지 사선으로 내려 재단한다.

뒤판 안감 재단하기

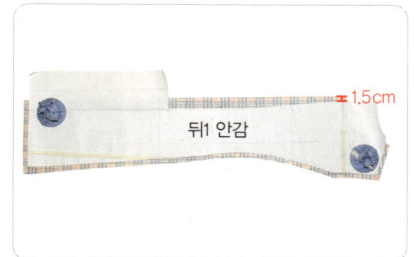

뒤 안단분을 제외하고 1.5cm 골선에서 떨어뜨려 활동분을 주어 재단한다.

심지 작업

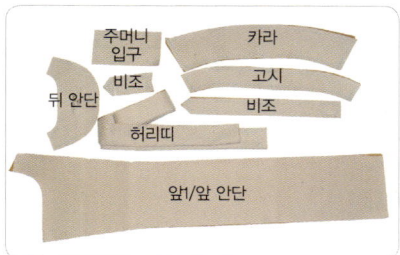

❶ 앞1/앞 안단/뒤 안단/허리띠/비조/주머니 입구/카라/고시/비조를 전체 심지 작업한다. 이때에는 원단에 심지를 먼저 붙이고 재단해야 한다. 윗카라에는 양옆-윗면에 다대 테이프를 완성선 안쪽에 붙인다.

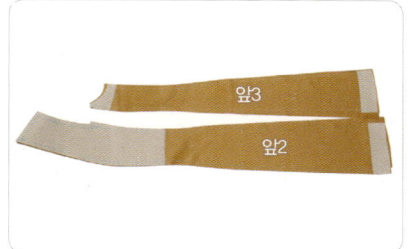

❷ 앞2와 앞3은 사진처럼 심지 작업을 한다. 아랫단은 완성선에서 1cm 정도 올라오도록 붙이면 된다.

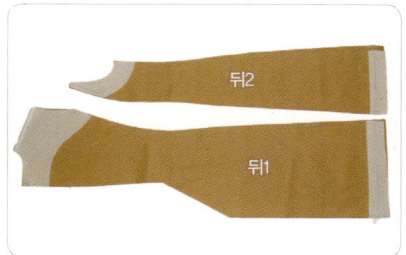

❸ 뒤1과 뒤2의 윗부분에 사진처럼 심지를 붙이고 아랫단도 붙인다. 뒤1 어깨 부분에 다대 테이프를 덧붙인다.

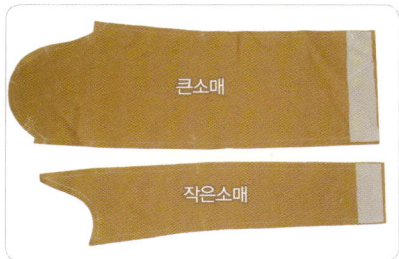

❹ 큰소매와 작은소매의 아랫단 부분에 5cm 두께로 심지를 잘라 붙인다.

❺ 앞/뒤 견반의 안감에 전체 심지를 붙인다.

부속 만들기

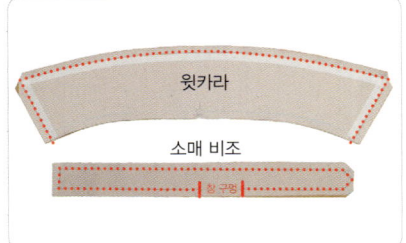

❶ 카라와 소매 비조는 겉끼리 맞대고 카라는 옆-위 세 면을, 소매 비조는 창 구멍을 남기고 박는다. 모서리들은 잘라내어 시접을 정리한다.

❷ 카라를 뒤집어 잘 정리하고, 옆-위 세 면을 상침사로 5mm 상침한다.

❸ 위쪽 고시 카라 세 면에 다대 테이프를 붙이고 만들어둔 카라를 고시 카라 사이에 넣어 세 면을 박는다. 모서리는 시접 정리하고 곡선 부분에는 가윗밥을 준다.

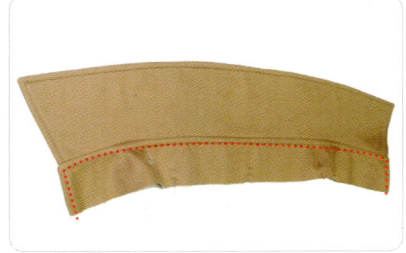

❹ 고시 카라를 뒤집어 잘 정리하여 다린 뒤 5mm 상침한다.

❺ 소매 비조는 창 구멍으로 뒤집어 2mm 상침한다.

❻ 버클에 비조 끝을 낀 뒤 한 줄 상침으로 고정한다.

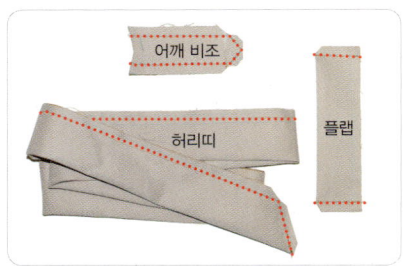

❼ 허리띠, 어깨 비조, 주머니 입구를 박고 시접 정리한다. 허리띠는 창 구멍을 남기고 박는다.

❽ 뒤 견반은 아랫면, 앞 견반은 옆-밑면 안감과 함께 합봉한 뒤 뒤집어 정리한다.

❾ 견반과 주머니 입구, 비조를 5mm 상침으로 정리한다.

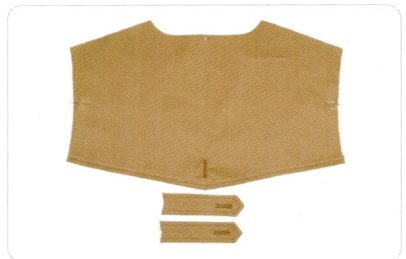

❿ 뒤 견반과 어깨 비조에 단춧구멍 낸다. 어깨 비조에는 18mm 단춧구멍을 낸다.

⓫ 허리띠도 소매 비조처럼 창 구멍으로 뒤집어 5mm 상침을 두른 뒤 버클에 끼어 두 줄 상침으로 마무리한다.

앞/뒤판 만들기

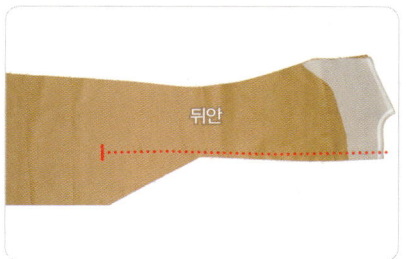

❶ 뒤판 맞주름 시작점까지 등판을 박은 뒤 넥 라인에 다대 테이프를 붙인다.

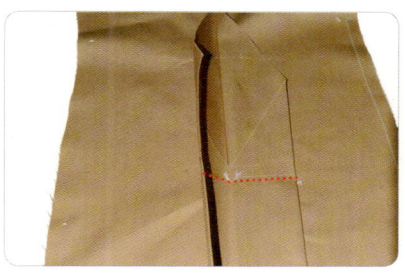

❷ 뒤 중심의 박힌 선을 기준으로 하여 맞주름으로 다린 뒤 양쪽 따로따로 주름 부분만 박아 고정한다.

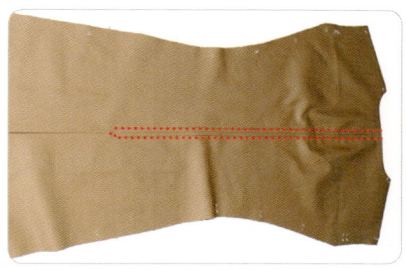

❸ 뒤판 중심을 2cm 간격으로 상침한다.

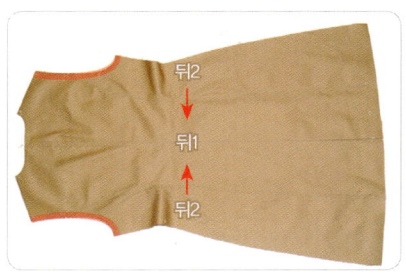

❹ 뒤2와 연결한 뒤 시접을 몸 중심으로 보내 5mm 상침하고 암홀 부분에 다대 테이프를 붙인다.

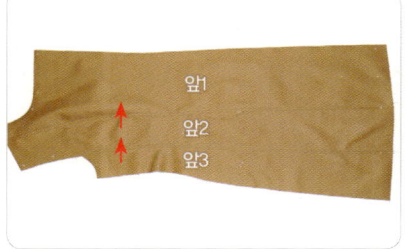

❺ 앞1, 2, 3을 연결한 뒤 시접을 중심 쪽으로 보내 5mm 상침한다.

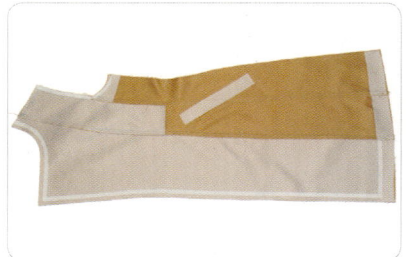

❻ 연결 완료된 앞판 암홀에 다대 테이프를 붙이고, 주머니 위치에 심지 작업을 한다.

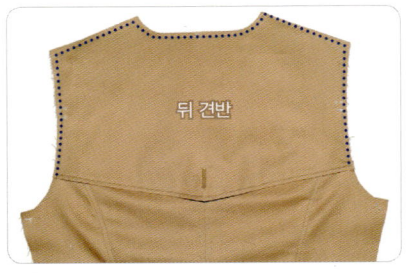

❼ 뒤 견반/앞 견반을 몸판에 배치한 뒤 고정 박음질을 한다.

주머니 만들기

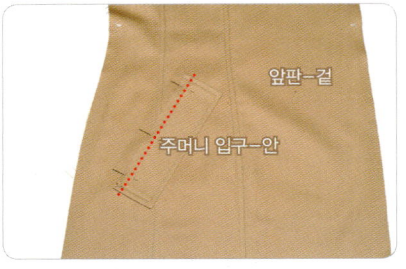

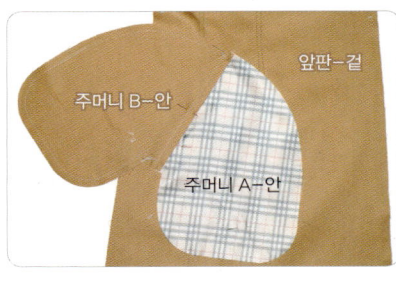

❶ 주머니 입구와 앞판의 겉을 마주 대고 주머니 위치에 너비를 맞춰 박는다.

❷ 위에 주머니 A를 올리고 주머니 입구에 박았던 선 그대로 다시 한 번 박는다(뒤집어서 박힌 선을 그대로 따라 박으면 된다).

❸ 주머니 B를 마주 대고 자리를 잡는다. 시침핀으로 꼼꼼히 잘 고정한다.

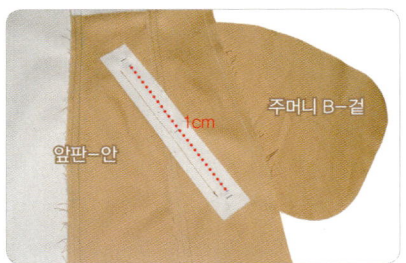
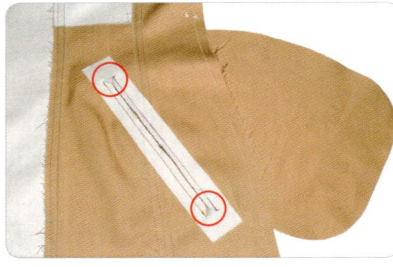
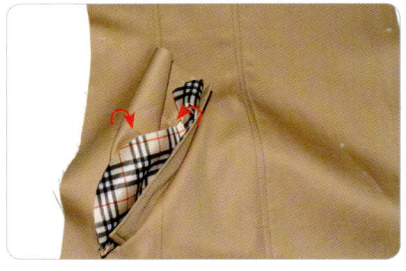

❹ 뒤집어 박은 선에서 1cm 간격으로 일자로 박아준다.

❺ 박은 선의 양 끝을 Y자로 몸판만 잘라준다.

❻ 잘라낸 구멍으로 주머니 A와 B를 집어넣고 잘 정리한다.

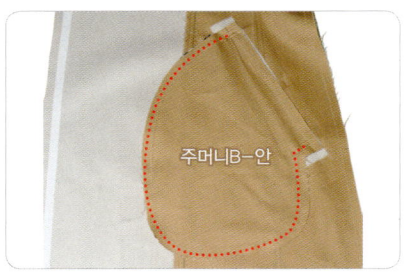

❼ 주머니를 잘 정리했으면 겉자락을 한쪽씩 들어올려 세모난 시접 조각을 박는다.

❽ 주머니 외곽을 둘러 박는다.

❾ 주머니 입구의 양옆을 공구르기로 막는다.

벨트, 소매, 카라 달기

❶ 몸판 앞/뒤판 어깨선과 옆선을 이어준 뒤 옆 시접은 가름솔로, 어깨 시접은 뒤로 넘겨준다. 어깨 비조는 중심을 잘 맞춰 암홀 부분에 고정 박음질한다.

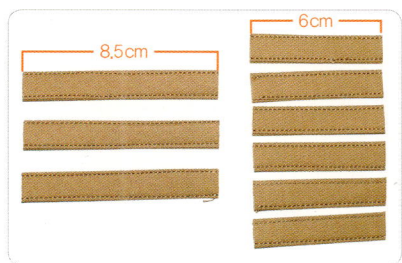

❷ 벨트 고리를 8.5cm 길이로 3개, 6cm 길이로 6개를 만들어둔다(63page 벨트 고리 만들기 참고). 만들어둔 8.5cm짜리 3개를 몸판 위치에 단다(104page 벨트 고리 다는 방법 참고).

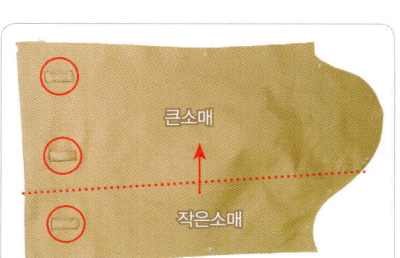

❸ 큰소매와 작은소매를 연결한 뒤 시접을 넓은 쪽으로 넘겨 5mm 상침한다. 그런 다음, 소매 아랫단을 접어 다리고 벨트 고리를 단다.

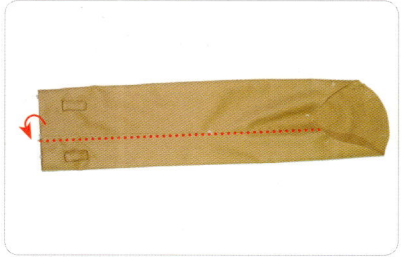

❹ 소매를 원통형으로 만든다.

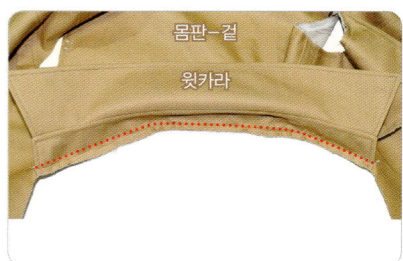

❺ 몸판에 만들어둔 카라를 단다.

❻ 소매를 단다(62page 이새 처리하여 소매 달기 참고).

안감 만들기

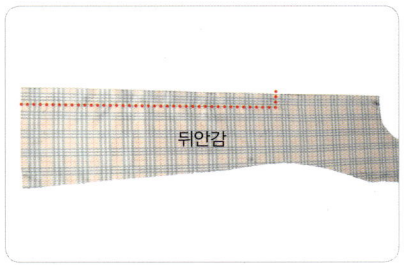

❶ 뒤 안감의 활동분을 제외하고 허리선부터 아래까지 일자로 박는다.

❷ 윗부분의 활동분도 중심을 기준으로 한쪽으로 넘겨 고정 박음질한다.

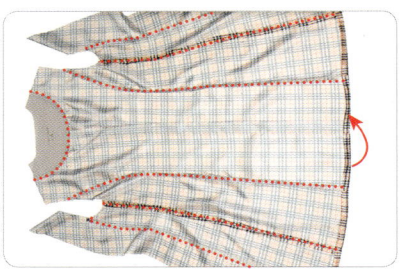

❸ 뒤 안단과 함께 안감 옆선들을 연결한다. 밑단은 1.5cm씩 두 번 접어 다려 상침으로 마무리한다.

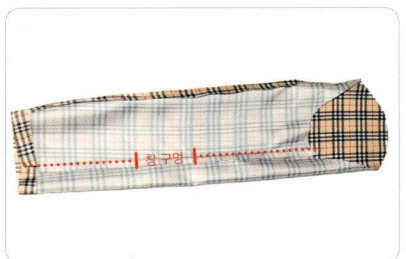

❹ 소매를 연결하여 소매통을 만들고 아랫단을 2.5cm 접어 다린다. 한쪽 소매에 창 구멍을 12cm가량 남긴다.

❺ 앞 안단을 연결하고 어깨선을 박은 뒤 소매까지 연결해 놓는다.

안감–겉감 합봉하여 완성하기

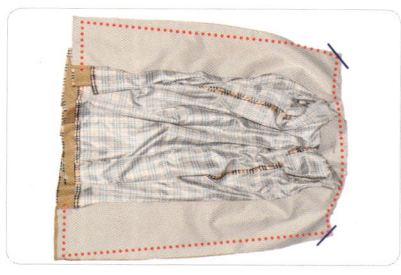 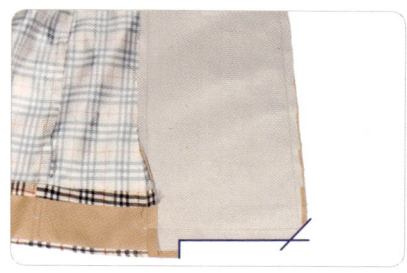 

❶ 겉감 아랫단은 바이어스로 두른다.

❷ 겉-안감을 마주 대고 앞 안단의 아랫부분부터 둘러서 외곽을 박는다.

❸ 모서리를 쳐내주고 목둘레에 가윗밥을 내준다. 앞 안단의 아랫단은 사진처럼 2cm 정도 옆에 남겨두고 잘라낸다.

❹ 겉감 소매단을 접힌 채로 안감의 소매단으로 감싸듯이 겹쳐서 1cm 박으면 소매 작업을 하기가 편하다.

❺ 앞 안단 부분을 상침사로 상침한다. 고시 카라 상침 부분과 연결하듯 목부분을 처리하는 것이 좋다.

❻ 소매 시접 부분 안쪽에 감침질로 고정하고 몸판 아랫단 또한 감침질이나 세발 뜨기로 마무리한다.

❼ 패턴에서 위치를 확인한 뒤 단춧구멍을 내고 단추를 단다. 어깨에는 18mm 단추를 단다.

23 캐시미어 피코트

View >> 50 page

추천 원단 및 부자재 소요량

* 캐시미어 원단 2마 반
* 23mm 단추 10개 / 18mm 단추 2개
* 지누이도 상침사
* 폴리트윌 안감 2마
* 실크 심지 2마
* 다대 테이프 약간

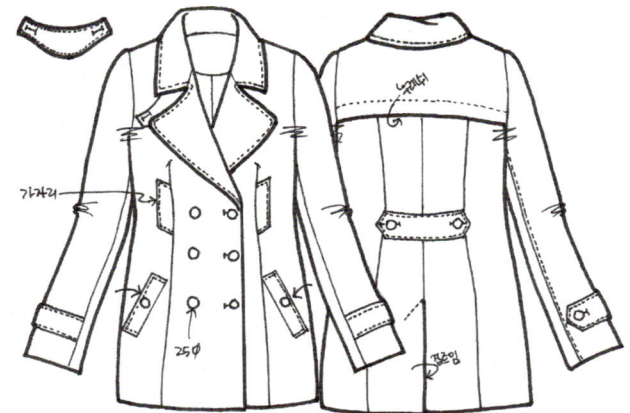

재단 실물본 8면 패턴 수록

〈겉감〉

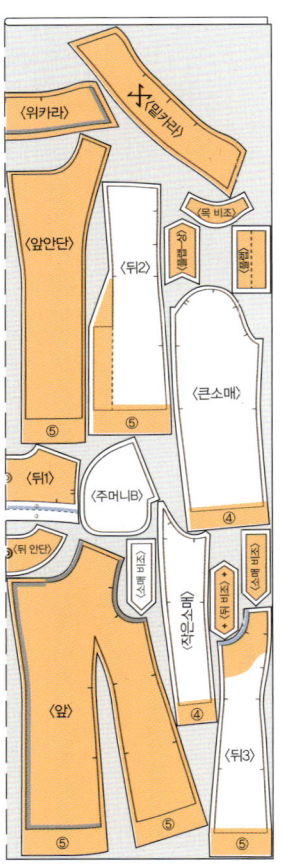

150cm

〈안감〉

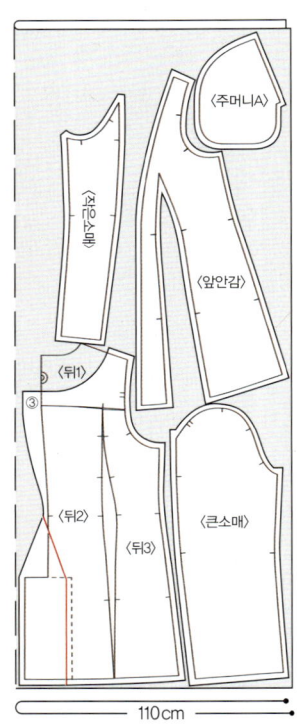

110cm

TIP

- 울 함량이 높은 코트 원단은 절대 스팀 다림질을 하면 안 되고, 중간 온도로 스팀 없이 다려준다.
- 상침사는 지누이도사가 적당하며, 캐시미어 원단 같이 파일이 짧은 원단은 원단 결이 위로 향하게 재단하면 된다.
- 피코트는 엔틱한 느낌이 살아 있는 단추로 포인트를 주어도 되고, 단춧구멍을 큐큐로 마무리하면 더 고급스럽다.

재단 시 참고 사항

〈겉감〉

- 1장 재단: 뒤1/뒤안단/위카라/아래카라
- 2장 재단: 앞/뒤2/뒤3/앞안단/큰소매/작은소매/목비조/플랩/뒤 비조/플랩-상/주머니 B
- 4장 재단: 소매 비조

〈안감〉

- 2장 재단: 앞/뒤/주머니A/큰소매/작은소매

- 몸판 아랫단: 5cm/소매 아랫단: 4cm
- 기본 시접은 1cm, 그 외 시접은 표시된 숫자(단위: cm)를 확인하고 재단한다.
- 🟧 색상은 심지 작업
- 🟦 색상은 다대 작업

재단 시 유의 사항

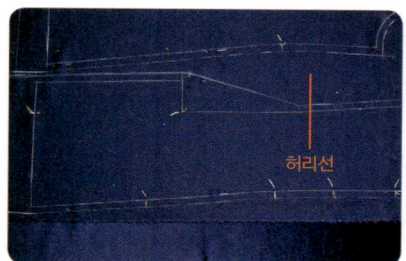

뒤트임 부분 재단 시 허리선에서부터 사선으로 내려 재단한다.

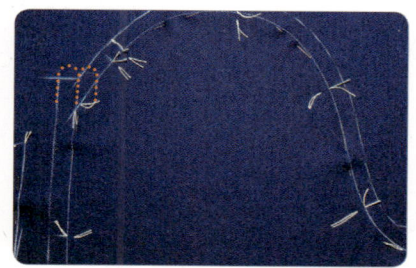

소매 옆선 재단 시 시접 넓이만큼의 소매산 쪽 높이를 옆선으로 체크하여 재단한다. 그래야만 가름솔을 했을 때 시접이 빠진 채 달리지 않는다.

심지 작업

❶ 카라, 플랩, 뒤 비조, 뒤 안단, 목밴드, 플랩-상, 소매 비조를 전체 심지한다. 소매 비조는 위로 올라오는 조각만 전체 심지한다. 밑 카라는 겉감과 심지 모두 바이어스로 작업하고, 위 카라에는 완성선 안쪽으로 위-옆면 다대 테이프를 붙인다.

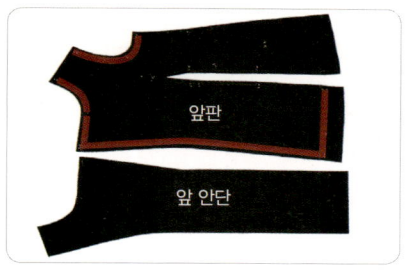

❷ 앞판, 앞 안단에 전체 심지를 붙인 뒤 목둘레-암홀 부분에 시접에 다대 테이프를 붙이고, 앞 중심과 밑단은 완성선 안쪽에 다대 테이프를 붙인다.

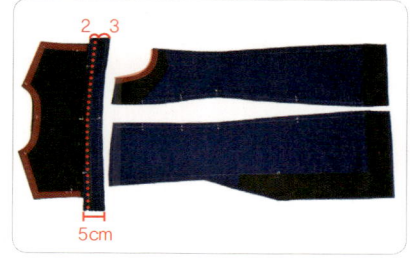

❸ 뒤 요크 부분의 아랫단은 5cm 시접을 주고 밑단 시접 제외하고 전체 심지 작업 뒤 밑단의 접히는 부분에 다대 테이프를 붙인다. 어깨선, 목둘레에 다대 테이프를 붙이고 뒤2, 뒤3의 아랫단 부분과 뒤트임 부분, 암홀 부분을 부분 심지한다.

❹ 소매 아랫단 완성선에서 1cm 위쪽으로 덮도록 부분 심지 작업을 한다.

부속/소매 만들기

❶ 소매 비조, 뒤 비조, 목밴드, 플랩-상, 플랩 등을 만들어 상침한다.

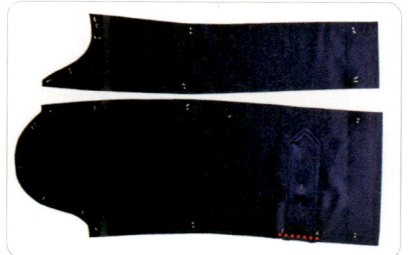

❷ 큰소매에 만들어둔 소매 비조를 올려 놓고, 고정 박음질을 한 뒤 소매를 연결하고 시접을 넓은 소매 쪽으로 넘겨 5mm 상침한다.

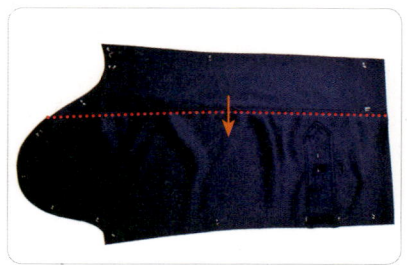

몸판 만들기

❸ 소매 밑단을 접어 다린 뒤 소매 원통을 만든다.

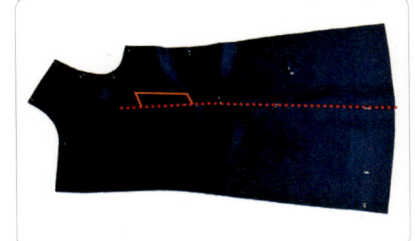

❹ 뒤 요크 부분 아랫단의 3cm를 접어 올려 다린다.

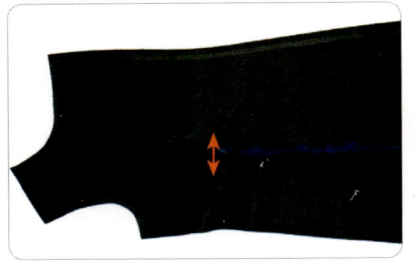

❶ 앞 다트를 박을 때 플랩-상을 위치에 끼워 넣고 함께 박아준다.

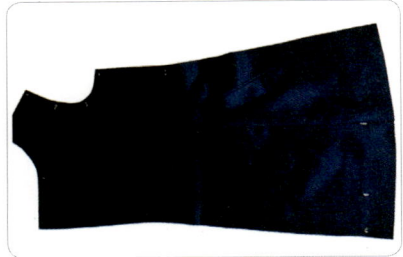

❷ 안쪽의 다트 시접은 끝까지 가위로 갈라서 가름솔로 정리한다.

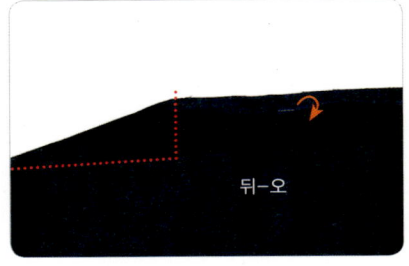

❸ 주머니 작업을 한다(148page 참고).

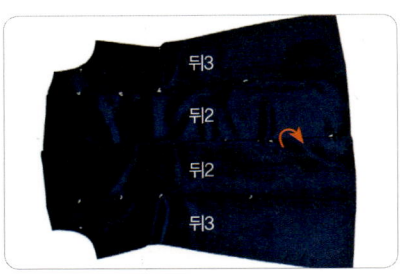

❹ 뒤판 오른쪽 트임 부분을 1cm 안쪽으로 접어 다린 뒤 ㄱ자로 꺾어 박는다.

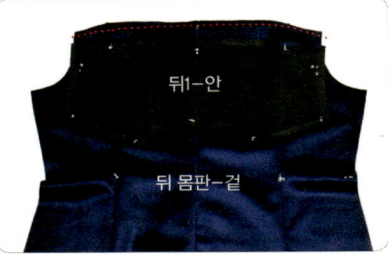

❺ 뒤트임 왼쪽 자락이 위로 올라오도록 정리하고 뒤2, 뒤3을 연결한다.

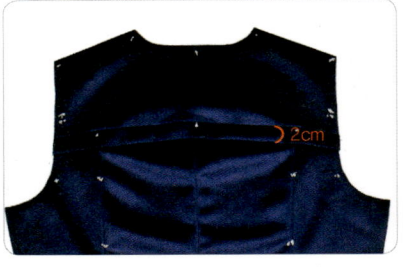

❻ 뒤1과 뒤 몸판을 연결한다.

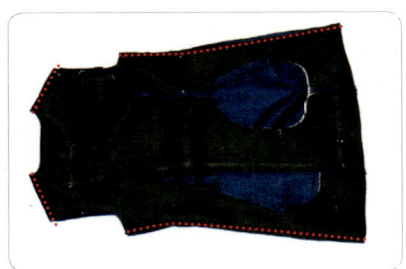

❼ 미리 접어 다려 놓은 대로 뒤1을 접어 올려 2cm 간격으로 상침한다.

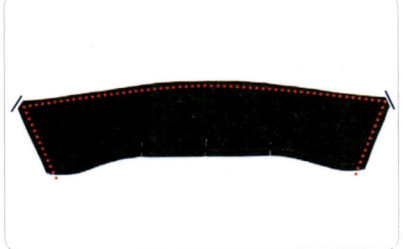

❽ 뒤-앞 어깨와 옆선을 박아 가름솔로 정리한다.

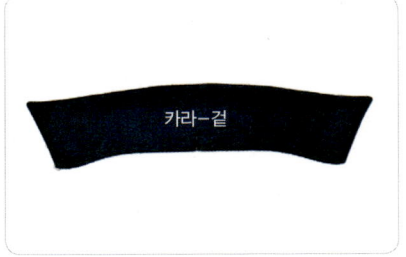

❾ 카라를 겉끼리 마주 대고 박은 뒤 양옆의 모서리와 위 곡선 부분의 시접을 잘라낸다.

❿ 양 끝이 잡아당겨지지 않도록 잘 뒤집어 다려서 정리한다.

안감 만들기

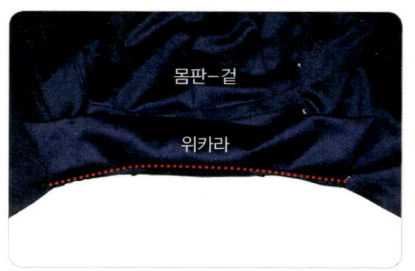

⑪ 몸판에 카라를 고정한다. 이때에는 바이어스 결로 재단한 아래 카라와 몸판의 겉을 마주 대고 박아야 한다.

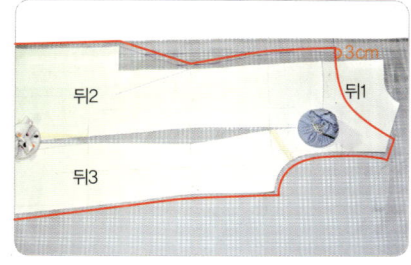

❶ 뒤판 안감 재단 시 뒤1-2-3 모두 한 번에 붙여서 재단한다. 안단선에서 분리하고 뒤 중심에 2cm(시접 포함 3cm) 활동분을 주며, 뒤2, 뒤3의 사이는 다트로 처리한다.

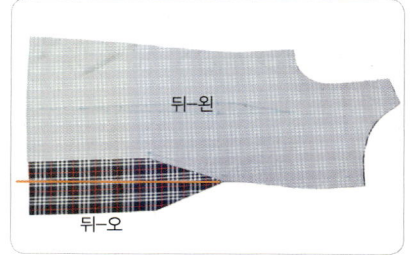

❷ 왼쪽 자락의 트임 부분을 중심선 기준으로 튀어나왔던 양만큼 안쪽으로 파내어 잘라낸다. 겹쳤을 때 사진처럼 보이면 된다. 이때 왼쪽 자락의 시접분을 잊지 말도록 하자.

❸ 오른쪽 몸판(큰조각) 위에 몸판(작은조각)을 올리고 사선 부분만 양 끝에 맞춰 완성선만 박는다.

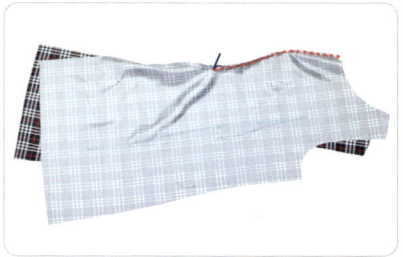

❹ 꺾이는 부분에 가윗밥을 주고 등라인을 박는다.

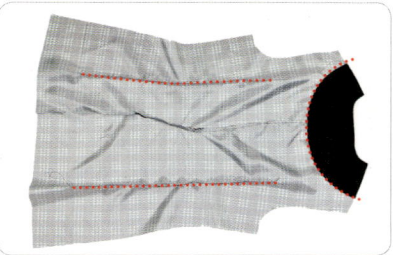

❺ 양쪽 다트를 박고 시접 중심 쪽으로 다린 뒤 안단을 연결한다.

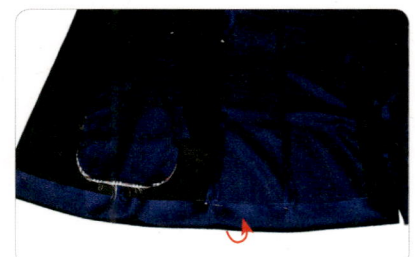

❻ 한쪽 소매에 15cm 정도 창 구멍 남기고 안감과 안단 모두 연결하여 안감을 완성한다. 소매 아래 시접은 2.5cm로 미리 접어 다려 놓는다.

겹트임 만들기

❶ 몸판 아랫단은 5cm로 접어 다린다.

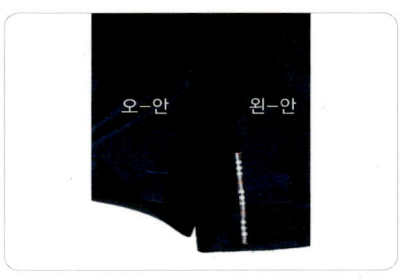

❷ 왼쪽 자락 트임 부분 시접은 10cm가량 바이어스로 두른다.

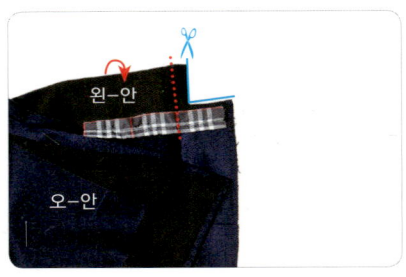

❸ 왼쪽 자락 트임 세로 부분의 겉끼리 마주 보게 뒤집은 뒤 아랫단에 접은 자국대로 박는다.

❹ 안감의 안단에 연결된 부분의 시접도 아래 10cm가량 바이어스로 두른다. 안감과 겉감의 겉끼리 마주 대고 아랫단 안단 부분은 5cm로 박고, 안감을 아래로 끌어내려 1cm 박는다. 이때 왼쪽 자락 안감 트임 부분을 시접 1cm를 접어준 상태에서 박는다.

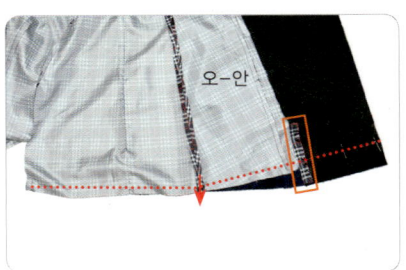

❺ 오른쪽 안감도 안단 연결 시접 바이어스 처리한 뒤 밑단 시접 밑으로 끌어내리면서 박아준다.

❻ 오른쪽 자락 안감과 겉감을 잘 정리하여 2mm 상침으로 박아 고정한다. 이때 겉감 아랫단은 미리 접은 대로 5cm가 접히고 안감은 활동분만큼 아래가 접혀 들어간다.

❼ 왼쪽 트임 자락은 겉과 겉이 마주보도록 정리한 뒤 트임 시접을 1cm 박는데, 아랫단의 끝까지 박는 것이 아니라 가능한 부분까지만 박으면 된다.

❽ 뒤집어서 잘 정리한 뒤 왼쪽 자락의 박히지 않은 부분은 공구르기로 고정한다.

안감-겉감 합봉하기

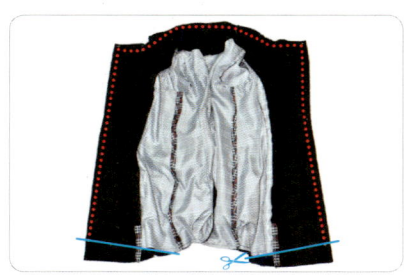

❶ 안감-겉감의 겉끼리 마주 대고 앞 중심선과 목둘레 외곽 부분을 1cm 박아 두른다. 아랫단의 시접은 1cm 남기고 잘라낸다.

❷ 소매 아랫단을 박아 연결한다(153page 소매 합봉 참고).

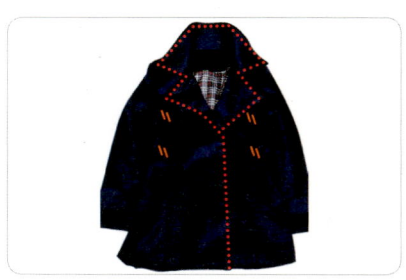

❸ 외곽을 5mm 상침으로 둘러 박고 가슴 플랩 공구르기로 고정한다. 패턴에 표시된 위치에 단춧구멍을 내고 단추를 달아 마무리한다. 목밴드 부분의 단추는 18mm를 사용하고, 나머지는 모두 23mm 단추를 사용한다.

베이비/ 아동/ 성인 의상 소잉 DIY 전문멀티샵

"패션스타트NCC 대리점"

세심하고 체계적인 단계별 교육과정을 통하여 의상소잉에 대한 자신감과 소잉실력, 더 나아가 내가 원하는 의상작품을 스스로 제작하며 소잉의 진정한 즐거움과 가치를 전하는 패션스타트NCC 대리점입니다.

 "의상 소잉상품"
다양한 종류와 스타일의 원단/ 부자재/ 패턴/ 서적 등

 **"초급-중급-고급 단계별 의상전문 교육과정"**
베이비, 아동, 성인아이템으로 구성된 체계적이고 전문화된 시스템

 "미싱 교육"
소잉의 즐거움을 전하는 고급 NCC미싱으로 진행

- 의상 소잉 DIY 전문 멀티숍 패션스타트NCC 전국 대리점 -

- **경인지역** 김포 장기점 010-4170-7964, 수원 송죽점 031-207-0966, 인천 청라점 032-563-3027, 평택 안중점 010-9138-1974
- **경상지역** 경주 황성점 054-776-5008, 구미 원호점 054-442-4001
- **전라지역** 광주 첨단점 062-973-6314, 전주 효자점 063-223-3609

패션스타트NCC 대리점에 관한 개설문의는 패션스타트(www.fashoinstart.net) 또는 NCC미싱(www.nccmising.com) 사이트를 통하여 하실 수 있습니다.

Fashion Start
Fashion Sewing DIY
패션스타트 NCC